BIDDEN IN DE NACHT

Eerder verschenen van Tish Warren

Liturgie van het alledaagse

Tish Warren

Bidden in de nacht

Voor wie werken, waken en wenen

Derde druk

Uitgeverij Van Wijnen - Franeker

Eerste druk juni 2021
Tweede druk augustus 2021
Derde druk september 2022

© 2021 Tish Harrison Warren
Oorspronkelijke titel *Prayer in the Night – For Those Who Work or Watch or Weep*
Vertaald en gedrukt met toestemming van InterVarsity Press, P.O. Box 1400, Downers Grove IL 60515, USA. www.ivpress.com.
© 2021 Nederlandse editie: Uitgeverij Van Wijnen, Printerweg 10, 3821 AD Amersfoort
www.uitgeverijvanwijnen.nl

Vertaling Monica van Bezooijen
Ontwerp omslag en binnenwerk Garage BNO

ISBN 978 90 5194 601 7
NUR 707

Alle rechten voorbehouden. Niets uit deze uitgave mag worden verveelvoudigd en/of openbaar gemaakt in welke vorm en/of op welke wijze dan ook, zonder voorafgaande schriftelijke toestemming van de uitgever.
All rights reserved. No part of this book may be reproduced in any form whatsoever without previous written permission from the publisher.

Voor Raine, Flannery, en Augustine

*Moge God bij jullie waken iedere donkere nacht
en jullie iedere dag leren dat alles is omwille van de liefde.*

*Waak, lieve Heer, over wie werken, waken of wenen vannacht,
en laat uw engelen hen behoeden die slapen. Zorg voor de zieken,
Heer Christus; geef rust aan vermoeiden, zegen de stervenden,
troost wie lijden, heb medelijden met wie beproefd worden,
bescherm wie blij zijn, en dat alles omwille van uw liefde.
Amen.*

Book of Common Prayer

Inhoud

Opmerking van de schrijfster | 9

Deel 1 – Bidden in het donker | 11

Proloog | 13
1. De completen vinden – *Het vallen van de avond* | 19
2. Waak, lieve Heer – *Pijn en presentie* | 31

Deel 2 – De weg van de kwetsbaren | 45

3. Wie wenen – *Klaaglied* | 47
4. Wie waken – *Aandacht* | 64
5. Wie werken – *Herstel* | 76

Deel 3 – Een lijst van kwetsbaarheden | 91

6. Laat uw engelen hen behoeden die slapen – *Kosmisch en alledaags* | 93
7. Zorg voor de zieken, Heer Christus – *Belichaming* | 106
8. Geef rust aan vermoeiden – *Zwakheid en stilte* | 117
9. Zegen de stervenden – *As* | 127
10. Troost wie lijden – *Vertroosting* | 139
11. Heb medelijden met wie beproefd worden – *Onafgebroken openbaring* | 154
12. Bescherm wie blij zijn – *Dankbaarheid en overgave* | 168

Deel 4 – Hoogtepunt | 179

   13. Alles omwille van uw liefde – *Ochtendgloren* | 181

   Dankwoord | 193

   Gespreksvragen en ideeën voor praktische oefeningen | 196

   Liturgie voor de completen | 209
   Noten | 218

Opmerking van de schrijfster

Ik rond dit boek af aan het begin van de paastijd 2020 en stuur het een onzekere wereld in. Een pandemie heeft zich verspreid over de wereld, de dodentallen stijgen, en wij in de Verenigde Staten worden grotendeels gedwongen om thuis te blijven. Ik heb ervoor gekozen om in dit boek niet specifiek in te gaan op de pandemie. Toen ik dit manuscript schreef, bestond COVID-19 nog niet. Tegen de tijd dat dit boek zal verschenen, zal iedere lezer waarschijnlijk meer inzicht hebben in de werkelijkheid van COVID-19 en de gevolgen ervan voor de wereld dan ik hier zou kunnen verwoorden. Wat nu nodig is, is het langzame werk van wijsheid, en ik bevind me te dicht bij het begin van deze tragedie om daar ook maar iets van te kunnen bieden.

Hoewel ik niet weet wat ons te wachten staat, weet ik dat, wat er ook komt, deze specifieke catastrofe niet de laatste zal zijn. We zullen andere natuurrampen en wereldwijd onheil zien. En er zal verschrikkelijk, zij het meer alledaags lijden zijn, dat iedere lezer meeneemt dit verhaal in: persoonlijke verhalen van pijn, kwetsbaarheid, vrees en verlies die lang na het einde van de huidige crisis zullen doorgaan.

Daarom stuur ik dit boek de wereld in met een gebed dat het licht en waarheid in zich draagt en doet waarvoor het geschreven is.

Deel 1

Bidden in het donker

Duisternis – nacht – het zijn altijd symbolen geweest van de godverlatenheid van de wereld ... en van de verlorenheid van mannen en vrouwen. In het donker zien we niets, en weten we niet langer waar we zijn.
Jurgen Moltmann, *In het einde ligt het begin*

Begrip van goed en kwaad wordt gegeven ... in de nachtelijke angsten, als we klein zijn, in de vrees voor tanden van het beest en in de verschrikking van duistere kamers.
Czesław Miłosz, *One more Day*

Proloog

In het holst van de nacht, onder het bloed, op de spoedeisende hulp, was ik aan het bidden.
 We woonden minder dan een maand in Pittsburgh. Terwijl de nachten ijzig koud waren en de sneeuw veranderde in een grijze smurrie, kreeg ik een miskraam.
 We waren die avond bij nieuwe kennissen thuis geweest om met hen te eten. Hun dochter ging naar school met die van ons. Mijn miskraam was al twee dagen aan de gang, maar mijn dokter had gezegd dat ik gewoon door kon gaan met de plannen voor die week, en dus gingen we. Terwijl mijn man, Jonathan, wat onbeholpen kletste over koetjes en halfjes, zoals je dat doet met mensen die je amper kent, begonnen de weeën. Ik had het gevoel alsof ik niet goed kon ademhalen. Ik wilde naar de huisartsenpost. Ik probeerde dapper en nuchter te blijven – niet de spoedeisende hulp, maar de huisartsenpost, de plek waar je naartoe gaat voor een hechting, niks bijzonders.
 Jonathan begon uit te leggen aan de mensen bij wie we te gast waren dat we eerder zouden moeten vertrekken, hoewel we tijdens de beleefdheden onder de maaltijd niet hadden gezegd dat ik een miskraam had. Er was gezegd dat ik een week lang langzaam bloed zou verliezen, maar nu verloor ik veel bloed en had ik pijn. Ik stond op en verontschuldigde me tegenover mijn gastheer en gastvrouw – omdat er voor een vrouw uit het zuiden geen onbeholpen sociale situatie is waarin je niet uitvoerig je verontschuldigingen aanbiedt. Toen, opeens, begon ik veel bloed te verliezen. Het stroomde eruit. Ik leek wel een slachtoffer van een schietpartij.
 De man en vrouw gooiden twee badlakens naar mijn man, die

hij om me heen wikkelde terwijl ik naar de auto strompelde en schreeuwde: 'Waar is het ziekenhuis?' We lieten onze kinderen boven achter, spelend, zonder hen gedag te zeggen, bij mensen van wie we ons de achternaam niet goed konden herinneren.

Het was al donker buiten. We haastten ons naar het ziekenhuis, dwars door de stad, slechts vaag verlicht en bevolkt door uitgaanspubliek. Onderweg had ik het gevoel alsof ik bijna flauwviel. Het bloed doordrenkte al snel beide badlakens en Jonathan bad in paniek: 'Help haar! Adem door. O God.' Hij reed door alle rode verkeerslichten heen. Hij dacht dat ik onderweg dood zou gaan.

We haalden het ziekenhuis. Het zou goed komen, maar ik moest wel geopereerd worden.

De kamer vulde zich met verpleegsters, die allemaal zeiden dat dit veel meer bloed was dan ze gewoonlijk zagen. Dat had ons ongerust kunnen maken, maar ze kwamen kalm over, zelfs een tikkeltje gefascineerd, alsof ik een heel succesvol project was tijdens een wetenschapstentoonstelling op school. Ze brachten een infuus in voor bloedtransfusie, en geboden me stil te blijven liggen. Vervolgens gilde ik naar Jonathan, omringd door de verpleegsters, 'Completen! Ik wil de completen bidden.'

Het is niet normaal – zelfs niet voor mij – om luidkeels liturgische gebeden te eisen in een overvolle kamer te midden van een crisis. Maar op dat moment had ik het net zo hard nodig als het infuus.

Opgelucht dat hij een duidelijke opdracht kreeg, opende Jonathan het *Book of Common Prayer* op zijn telefoon en waarschuwde de verpleegsters: 'Wij zijn allebei priester, en we gaan nu bidden.' En vervolgens stak hij van wal: 'De Heer geve ons een vredige nacht en een volmaakt einde.'

Boven het gestage getik van de hartmonitor uit baden we het hele nachtgebed. Ik herhaalde de woorden uit mijn hoofd terwijl ik bij iedere wee golven bloed verloor.

'Bewaar ons als de appel van uw oog.'

'Verberg ons onder de schaduw van uw vleugels.'

Proloog

'Heer, ontferm u. Christus, ontferm u. Heer, ontferm u.'
'Bescherm ons, Heer, tegen de gevaren en beproevingen van deze nacht.'
We sloten af met: 'De almachtige en genadige Heer, Vader, Zoon en heilige Geest, zegene ons en behoede ons. Amen.'
'Dat is mooi,' zei een van de verpleegsters. 'Ik heb dat nooit eerder gehoord.'

Waarom wilde ik zo plotseling en zo wanhopig graag de completen bidden onder neonverlichting van een ziekenhuiskamer?
Omdat ik wilde bidden, maar geen woorden kon vinden.
Niet dat 'Help! Zorg dat het bloeden stopt!' niet heilig of netjes genoeg was. Ik lag daar in een flinterdun ziekenhuishemd doordrenkt met bloed. Dit was niet het moment voor vormelijkheden. Ik wilde genezing – maar ik had meer nodig dan alleen genezing. Dit moment van crisis moest zijn plek vinden in iets groters: de gebeden van de kerk, ja, maar nog meer, het weidse mysterie van God, de zekerheid van Gods kracht, de geruststelling van Gods goedheid.
Opnieuw moest ik besluiten, op dat moment, toen ik niet wist hoe de dingen zouden lopen, met mijn dode baby en mijn gebroken lichaam, of deze dingen die ik preekte over God die van me hield en er voor me was wel klopten. Maar ik was dodelijk vermoeid. Mijn hart was gebroken. Ik kon geen spontaan en vurig geloof tevoorschijn toveren.
Mijn besluit of ik God zou vertrouwen was niet louter een kwestie van kennis. Ik probeerde niet om een of andere zondagsschoolquiz te winnen. Ik probeerde om binnen te gaan in de waarheid die groot genoeg was om mijn eigen broosheid, kwetsbaarheid en zwakke geloof vast te houden – een waarheid die even vaststaand is als loochenbaar. Maar hoe kon ik, doordenkt met tranen en bloed, op een plek zonder woorden en zonder zekerheid, die waarheid vastgrijpen?

Die nacht greep ik me vast aan de realiteit van Gods goedheid en liefde door de gewoonten van de kerk op te pakken. In het bijzonder door het getijdengebed te bidden.

Het grootste deel van de kerkgeschiedenis zagen christenen bidden niet in de eerste plaats als een middel van zelfuitdrukking of een individueel gesprek met het goddelijke, maar als een overgeleverde manier van God benaderen, een manier om in de gestage stroom te waden van de gemeenschap van de kerk met Hem.[1] Op dat moment in het ziekenhuis probeerde ik niet om 'uitdrukking te geven aan mijn geloof', om mijn wankele toewijding te verkondigen aan een kamer vol drukke verpleegsters. Ik probeerde ook niet om (in de woorden van Richard Dawkins) mijn 'hemelse toverfee' naar beneden te roepen om me te komen redden.[2] Door gebed waagde ik het om te geloven dat God te midden van mijn chaos en pijn aanwezig was, wat er ook zou komen. Ik strekte me uit naar een werkelijkheid die groter en blijvender was dan wat ik voelde op dat moment.

Ieder gebed dat ik ooit gebeden heb, van het meest tot het minst gelovige, is deels de belijdenis geweest die in het evangelie van Marcus verwoord staat: 'Ik geloof! Kom mijn ongeloof te hulp' (Marcus 9:24). Dat was mijn gebed terwijl ik die avond de uitgesleten woorden van de completen bad. En talloze avonden eerder antwoordde de kerk, te midden van mijn zwakheid, met haar oude stem: 'Hier zijn een paar woorden. Bid ze. Ze zijn sterk genoeg om je te dragen. Ze zullen je helpen in je ongeloof.'

Ik heb ontdekt dat geloof meer ambacht is dan gevoel. En gebed is onze belangrijkste oefening in dat ambacht.

Niet dat een relatie met God iets is wat we kunnen verkrijgen door goed ons best te doen, of dat er een hiërarchie is van christelijke verworvenheden waarin een elitegroep uitblinkt in geloof, zoals sommigen in handwerken of basketbal spelen. Genade is het eerste en laatste woord van het christelijk leven, en ieder van ons heeft die genade wanhopig hard nodig en is diepgeliefd.

Proloog

Geloof komt als een geschenk. En iedere kunstenaar zal je vertellen dat zijn ambacht iets wonderlijks in zich heeft. Madeleine l'Engle heeft gezegd dat ieder goed kunstwerk meer en beter is dan de kunstenaar. Shakespeare, zo zei ze, 'schreef beter dan hij zou kunnen schrijven; Bach componeerde dieper, echter dan hij wist; Rembrandts penseel bracht meer van de menselijke geest op het doek dan Rembrandt kon bevatten'.[3] Een tuinman kan geen narcissen laten groeien en een bakker kan de heerlijke alchemie van gist en suiker niet afdwingen. En toch hebben we genademiddelen ontvangen die we kunnen oefenen, of we daar nu zin in hebben of niet, en die dragen ons. Ambachtslieden – schrijvers, brouwers, dansers, pottenbakkers – gaan aan de slag en delen in een mysterie. Ze nemen het ambacht op, keer op keer, op slechte en goede dagen, en wachten op een glimp van goedheid, een geschenk van genade.

In onze momenten van diepste bezorgdheid en duisternis gaan we binnen in dit ambacht van het gebed, soms bevend en wankelend. Vaak bidden we niet vanuit een triomfantelijke overwinning of een onwankelbaar vertrouwen maar omdat het gebed ons vormt; het heeft zijn uitwerking op ons en verandert wie we zijn en wat we geloven. Gebedspatronen trekken ons uit onszelf, uit ons eigen tijdgebonden moment, naar het lange verhaal van Christus' werk in en door zijn volk door de eeuwen heen.[4]

Terwijl ik bad die nacht, wilde ik de dingen geloven die ik verkondigde: dat God mij kende en liefhad, dat ik ook uit dit verschrikkelijke moment verlost zou worden. Ik ge-

> *Ik heb ontdekt dat geloof meer ambacht is dan gevoel. En gebed is onze belangrijkste oefening in dat ambacht.*

loofde het en tegelijk ook niet. Ik nam de toevlucht tot deze oude gebedsoefening in de hoop dat die me onder het mes zou brengen, dat die in mij zijn werk zou doen zoals een operatie, dat die de dingen recht zou zetten in mijn eigen hart.

Ik had ook kunnen zeggen: 'Completen. Spoed.'

1

De completen vinden

Het vallen van de avond

Het was in ieder opzicht een donker jaar. Het begon al met de verhuizing vanuit mijn zonnige geboorteplaats Austin, in Texas, naar Pittsburgh, begin januari. Een week later stierf mijn vader, ver weg in Texas, midden in de nacht. Hij was er altijd geweest, groot en betrouwbaar, als een berg aan de horizon, en nu was hij opeens verdwenen.

Een maand later had ik een miskraam en hevige bloedingen en baden we de completen op de spoedeisende hulp.

Verdriet vermenigvuldigde zich. Ik had heimwee. De pijn van het verlies van mijn vader was als een aardbeving; ik trilde van de naschokken. Het was een naargeestige tijd – we noemden het, als een wrede grap, de 'Pitt-of-despair-burgh' [woordspeling, combinatie van 'put van wanhoop' en hun woonplaats Pittsburgh, noot vertaler].

Een maand later ontdekten we dat ik weer zwanger was. Het voelde als een wonder, maar ik begon al snel te bloeden, en de zwangerschap was gecompliceerd. Ik kreeg te maken met strenge medische beperkingen. Ik mocht niet lang achter elkaar staan en niet ver lopen, of iets boven de vier kilo tillen, wat betekende dat ik mijn vier jaar oude kind niet op kon tillen. Terwijl ik dagelijks uren doorbracht in bed werd het in mijn hoofd steeds somberder en donkerder. Het bloeden ging bijna twee maanden door, met wekelijkse bezoekjes aan het ziekenhuis en het werd zo erg dat we bang waren voor een miskraam of dat ik het gevaar liep te veel bloed te verliezen. Uiteindelijk verloren we eind juli, vroeg in mijn tweede trimester, opnieuw een baby, een zoon.

Gedurende dat lange jaar, met schemerige herfstdagen en vroege vrieskou, was ik een priester die niet kon bidden.

Ik wist niet meer hoe ik God kon benaderen. Er was te veel om te zeggen, er waren te veel vragen zonder antwoorden. De diepte van mijn pijn overschaduwde mijn vermogen om woorden te vinden. En, nog pijnlijker, ik kon niet bidden, omdat ik niet goed wist hoe ik God kon vertrouwen.

Maarten Luther schreef over tijden van geloofsvernietiging, waarin ieder kinderlijk vertrouwen op de goedheid van God verbleekt. Op dat moment krijgen we te maken met wat Luther 'de linkerhand van God' noemt.[1] God wordt een vreemde voor ons, verwarrend, misschien zelfs beangstigend.

Ik wankelde, verdwaald in de maalstroom van mijn eigen twijfel en verdriet. Als je mijn man naar 2017 vraagt, zegt hij eenvoudig: 'Wat ons overeind hield, waren de completen.'

De completen, afgeleid van *completorium*, of 'voltooiing', vormen het laatste avondgebed van de dag. Het is een gebedsdienst die bedoeld is voor het nachtelijk uur.[2]

Stel je een wereld voor zonder elektrisch licht, een wereld die slechts flauwtjes verlicht wordt door een toorts of kaars, een wereld vol schaduwen waarachter ongezien gevaar zich schuilhoudt. Een wereld waarin je niemand kon waarschuwen als er een dief inbrak en je geen ambulance kon bellen, een wereld waarin wilde dieren zich schuilhielden in het duister, waarin demonen en geesten en andere schepselen van de nacht voor iedereen een levende werkelijkheid waren. Dit is de context waarbinnen de christelijke praktijk van het nachtelijk gebed verrees, en het vormt de gevoelige toon van deze gebeden.

In een groot deel van de geschiedenis was de nacht simpelweg beangstigend.

Roger Ekirch begint zijn fascinerende verhaal over de nacht door te zeggen: 'De achterdocht en onzekerheid die de duisternis met zich meebracht vallen nauwelijks te overschatten.'[3] In de achttiende eeuw zei Edmund Burke dat er geen 'idee zo universeel schrikwekkend was in alle tijden en in alle landen als duisternis'.[4] Shakespeares beroemde Lucretia beklaagt de 'troost dodende nacht, beeld van de hel'.[5]

De nacht is ook een vruchtbaar symbool in de christelijke traditie. God schiep de nacht. In zijn wijsheid beschikte God de dingen zo dat we iedere dag te maken hebben met een tijd van duisternis. Toch lezen we in Openbaring dat er aan het einde der tijden 'geen nacht [zal] zijn' (Openbaring 22:5; vgl. Jesaja 60:19). En Jezus zelf wordt een licht in de duisternis genoemd. Hij is het licht waarover de duisternis geen macht heeft.

De zestiende-eeuwse heilige Johannes van het Kruis bedacht de frase 'de donkere nacht van de ziel' om te verwijzen naar een tijd van verdriet, twijfel en geestelijke crisis, als God vaag en op afstand lijkt.[6] Deze frase vindt weerklank bij ons, omdat de nacht onze vrees en twijfel symboliseert – 'de zware dag van de ziel' of 'de grijze morgen van de ziel' zouden nooit dezelfde blijvende kracht hebben gehad.

In een duisternis die zo volkomen is, dat wij ons dat nu nauwelijks kunnen voorstellen, stonden christenen op en baden hun nachtwake. De dertiende-eeuwse Noord-Afrikaanse theoloog Tertullianus verwijst naar 'samenkomsten in de nacht' waarin gezinnen opstonden om samen te bidden.[7] In het oosten gaf Basilius de Grote de christenen de opdracht om 'aan het begin van de nacht te vragen om te rusten zonder kwellingen ... en om tijdens dit uur ook een Psalm [91] hardop voor te lezen'.[8] Lang nadat er een einde kwam aan de reguliere praktijk van de nachtwaken onder gezinnen gingen de monniken verder met bidden in de kleine uurtjes. Ze stonden midden in de nacht op om samen psalmen te zingen, en om de dreiging van het duister te verdrijven. Eeuwenlang hebben christenen hun angsten voor onbekende gevaren onder ogen gezien en hun eigen kwetsbaarheid iedere nacht beleden, waarbij ze de betrouwbare woorden gebruikten die de kerk hun gaf om te bidden.

Natuurlijk zijn we niet allemaal bang 's nachts. Ik heb vrienden die genieten van de nacht – van zijn zuivere schoonheid, zijn contemplatieve rust, zijn ruimte voor gedachten en gebeden.[9] Anne Brontë begint haar gedicht 'Nacht' met de verklaring: 'Ik houd van het stille uur van de nacht.'[10]

Er is zo veel moois aan de nacht. Het lied van de nachtegaal, kaarslicht, de lichtjes in de stad of het knetterende vuur terwijl de sterren langzaam langs de hemel trekken, de zon die achter de horizon wegzakt, zich aftekenend tegen een roze avondhemel. Toch begint ieder van ons zich kwetsbaar te voelen als het duister te diep is of te lang duurt. Door de aanwezigheid van het licht kunnen we zonder vrees 's avonds rondlopen. Met een druk op de knop kunnen we 's nachts net zo goed zien als overdag. Maar in de bossen of ver van de bewoonde wereld hebben we nog steeds dat oergevoel van gevaar en hulpeloosheid die de nacht met zich meebrengt.

In de diepe duisternis zijn zelfs de sterksten onder ons klein en hulpeloos.

Ondanks de neonverlichting van de moderniteit en de nachtwinkels die vierentwintig uur per dag open zijn, moeten we niettemin onze kwetsbaarheid op een unieke manier onder ogen zien als het duister valt. Dat horrorfilms meestal heel laat worden uitgezonden heeft een reden. We hebben het nog steeds over het 'heksenuur'. Dichter John Rives, de curator van *The Museum of Four in the Morning*, een website die verwijzingen uit de literatuur en de populaire cultuur verzamelt die verwijzen naar 4.00 uur, noemt het 'het slechtst denkbare uur van de dag'.[11] De bekende uitdrukking 'kleine uurtjes' heeft, zo zegt hij, door genres, culturen en eeuwen heen veel betekenis gekregen.

Bij de nacht hebben we het niet alleen over uren op de klok. Velen van ons liggen wakker 's nachts, niet in staat om weer in slaap te vallen, zich zorgen makend over de dag die komt, denkend aan alles wat verkeerd kan gaan, hun zorgen tellend.

Ons lichaam zelf wordt iedere nacht met duisternis geconfronteerd. Dus oefenen we elke nacht om onze ware situatie onder ogen te zien: we zijn kwetsbaar, we hebben geen controle over ons leven, we zullen sterven.

In het daglicht ben ik afgeleid. Bij tijden zelfs productief. 's Nachts voel ik me alleen, zelfs in een huis vol slapende lichamen. Ik voel me klein en sterfelijk.

Het donker van de nacht versterkt verdriet en bezorgdheid. Ik word er bij het ondergaan van de zon aan herinnerd dat mijn dagen geteld zijn, en vol kleine en grote verliezen.

We zijn allemaal zo heel, heel kwetsbaar.

We kunnen spreken over kwetsbaarheid als iets waarvoor we kiezen. We besluiten of we 'onszelf' kwetsbaar 'opstellen' door ons diepste ik te delen met anderen of juist achter te houden voor anderen – onze verhalen, meningen, of gevoelens. In die zin betekent kwetsbaarheid emotionele blootstelling of eerlijkheid. Maar dit is niet de vorm van kwetsbaarheid waar ik op doel. In plaats daarvan bedoel ik de kwetsbaarheid waarvoor niemand kiest, maar die we allemaal met ons meedragen, of we het nu toe willen geven of niet. De Engelse term voor kwetsbaar, *vulnerable*, komt van het Latijnse woord dat 'verwonden' betekent.[12] Wij zijn *verwond*baar. We kunnen gekwetst en vernietigd worden, in lichaam, geest en ziel. Ieder van ons, tot de laatste man, vrouw of kind, draagt tot onze laatste dag deze vorm van kwetsbaarheid met zich mee.

En iedere vierentwintig uur geeft de nacht ons een mogelijkheid om onszelf te oefenen in het omhelzen van onze kwetsbaarheid.[13]

> *En iedere vierentwintig uur geeft de nacht ons een mogelijkheid om onszelf te oefenen in het omhelzen van onze kwetsbaarheid.*

Ik herinner me niet meer wanneer ik begon met het bidden van de completen. Het was geen heel spectaculair begin. Ik had de completen vele keren horen zingen in schemerige kerken waar ik laat 's avonds naar binnen sloop en in stilte luisterde naar de gebeden die in volmaakte harmonie werden gezongen.

In een huis met twee priesters slingeren er overal exemplaren van het *Book of Common Prayer* rond, als extra onderzetters. Dus pakte ik die op een avond, die verloren is gegaan in de kronieken van zo veel vergeten avonden, en begon de completen te bidden.

Vervolgens bleef ik het doen. Ik begon de completen vaker te bidden, had nauwelijks in de gaten dat het een soort nieuwe praktijk was. Het was gewoon iets wat ik deed, niet elke dag maar een paar avonden per week, omdat ik ervan hield. Ik vond het prachtig en troostrijk.

Een ritme van monastiek gebed werd grotendeels ingesteld door Benedictus en zijn monniken in de zesde eeuw. Ze baden acht keer per dag: metten (voor het ochtendgloren), lauden (bij zonsopkomst), priem, terts, sext, noon en vespers gedurende de dag (ieder ongeveer om de drie uur). Ten slotte bij het naar bed gaan, de completen.[14]

Het anglicaanse *Book of Common Prayer* kortte deze acht canonieke uren in tot twee gebedsdiensten, het morgengebed en het avondgebed. Maar sommige anglicanen (net als rooms-katholieken, lutheranen en anderen) bleven vaste nachtgebeden bidden. Uiteindelijk werden deze twee gebedsdiensten in het anglicaanse gebedenboek uitgebreid tot vier, waarbij een dienst voor vespers en completen werd toegevoegd.[15]

Net als de meeste gebedsdiensten omvat completen een schuldbelijdenis, een lezing uit de Psalmen en andere delen van de Schrift, geschreven gebeden en antwoordgebeden, en een moment voor stilte of spontaan gebed.

Het grootste deel van mijn leven wist ik niet dat er verschillende vormen van gebed waren. Gebed betekende slechts één ding: praten met God in mijn eigen woorden. Gebed was een zaak van woorden, onvoorbereid, een vorm van zelfexpressie, spontaan en origineel. En ik bid nog steeds zo, elke dag. 'Vrij' gebed is een goede en onmisbare vorm van bidden.

Maar ik ben erachter gekomen dat we, om ons geloof een leven lang te onderhouden, verschillende vormen van gebed nodig hebben. Gebed is een weids begrip, met ruimte voor stilte en schreeuwen, voor creativiteit en herhaling, voor eigen en ontvangen gebeden, voor verbeelding en verstand.

Een vriendin van mij ging mee naar mijn anglicaanse kerk en kwam met het bezwaar dat onze liturgie (in haar woorden) zo veel 'gebeden van anderen' bevatte. Ze had het gevoel dat gebed een originele uitdrukking van iemands eigen gedachten, gevoelens en noden zou moeten zijn. Maar naarmate het leven vordert zal de vurigheid van ons geloof toe- en afnemen. Dit is normaal in het christelijk leven. Geërfde gebeden en praktijken van de kerk verbinden ons aan het geloof, veel zekerder dan ons eigen weifelende perspectief of onze zelfexpressie.

Gebed vormt ons. Verschillende manieren van bidden helpen ons zoals verschillende typen verf, doek, kleur en licht een schilder helpen.

Toen ik een priester was die niet kon bidden, waren de gebedsdiensten van de kerk het oude instrument dat God gebruikte om me weer te leren bidden. Stanley Hauerwas legt uit waarom hij zo graag 'de gebeden van anderen' bidt: 'De evangelische leer,' zo zegt hij, 'gaat voortdurend gebukt onder de last van het wiel steeds opnieuw te moeten uitvinden en daar word je gewoon moe van.' Hij noemt zichzelf een voorvechter voor het houden van gebedsdiensten omdat:

> wij het niet hoeven uitvinden. Wij weten dat we deze gebeden gaan uitspreken. We weten dat we meedoen met het lezen van de psalm. Wij gaan deze Schriftgedeelten lezen. ... Er is

veel te zeggen voor christendom als herhaling en ik denk dat de evangelische leer niet voldoende herhaling bevat, terwijl die nodig is om christenen zo te vormen dat ze overleven in een wereld die ons voortdurend verleidt om altijd te denken dat we iets nieuws moeten doen.'[16]

Als we de gebeden bidden die ons door de kerk gegeven zijn – de gebeden van de psalmist en de heiligen, het Onze Vader, het morgen- en avondgebed – dan bidden we boven wat wij kunnen weten, geloven of zelf bedenken. 'De gebeden van anderen' vormden mij; ze leerden me hoe ik weer kon geloven. Door heel de kerkgeschiedenis heen klinkt het *lex orandi, lex credendi*, de wet van het gebed is de wet van het geloof.[17] We komen tot God met ons kleine geloof, hoe vluchtig en wankel ook, en in het gebed leren we om dieper te wandelen in de waarheid.

> *Als we de gebeden bidden die ons door de kerk gegeven zijn – de gebeden van de psalmist en de heiligen, het Onze Vader, het morgen- en avondgebed – dan bidden we boven wat wij kunnen weten, geloven of zelf bedenken.*

Toen mijn kracht afnam en mijn woorden opdroogden, had ik het nodig om terug te vallen op een manier van geloven die me droeg. Ik had de gebeden van anderen nodig.

Toen mijn eigen donkere nacht van de ziel kwam, in 2017, waren de nachten beangstigend. De stilte van de nacht versterkte mijn eigen gevoel van eenzaamheid en zwakheid. Donkere uren brachten een lege ruimte waarin er niets was behalve mijn eigen angsten en fluisterende twijfels. Ik moest het harde, niet te ontkennen feit onder ogen zien dat iedereen van wie ik hield die nacht zou kunnen sterven, en dat iedereen van wie ik houd op een dag zal sterven – feiten die we zo vaak negeren, om de dag heelhuids door te komen.

En dus vulde ik de lange donkere uren met beeldschermlicht, verwerkte ik massa's teksten en sociale media, keek ik urenlang Netflix, en verslond ik kruiswoordpuzzels, tot ik ineenstortte in een rusteloze slaap. Toen ik daarmee probeerde te stoppen, zat ik in plaats daarvan in de lege nacht, overweldigd en bang. Uiteindelijk begon ik te huilen en omdat ik me ellendig voelde, keerde ik weer terug naar schermen en afleiding – omdat dat beter was dan verdriet. Het voelde in ieder geval makkelijker. Minder zwaar.

De werking van mijn nachtelijke internetconsumptie leek erg op die van een verslaafde: geconfronteerd met verdriet en angst wendde ik me tot iets om mezelf te verdoven. Als ik dwangmatig mijn computer openklapte, kon ik uren doorgaan zonder na te denken over de dood of mijn vader of miskramen of heimwee of mijn verwarring over Gods aanwezigheid te midden van het lijden.

Ik ging op gesprek bij een therapeut. Toen ik haar vertelde over mijn verdriet en angst 's nachts daagde ze me uit om mijn digitale apparaten uit te zetten en om me iedere nacht te wenden tot wat zij 'troostende bezigheden' noemde – uitgebreid in bad, een boek, een glas wijn, gebed, stilte, schrijven in een dagboek misschien. Geen schermen. Het is me waarschijnlijk wel honderd keer niet gelukt in evenveel dagen.

Maar langzaamaan begon ik terug te keren tot de completen.

Ik had woorden nodig om mijn verdriet en angst te bevatten. Ik had troost nodig, maar ik had behoefte aan troost die niet doet alsof de dingen mooi zijn of veilig of goed in de wereld. Ik had een troost nodig die het verlies en de dood onbevreesd in de ogen keek. En de completen zijn rondom omgeven met de dood.

> *Ik had een troost nodig die het verlies en de dood onbevreesd in de ogen keek.*

Het begint zo: 'De Almachtige Heer schenke ons een vredige nacht en een volmaakt einde.' Een volmaakt einde van wat?, dacht ik – *de dag, de week? Mijn leven?* Wij bidden: 'In uw handen, o Heer, beveel ik mijn geest' – de woorden die Jezus uitsprak terwijl Hij stierf. Wij bidden: 'Wees ons licht in de duisternis, o Heer, en bescherm ons in uw grote genade, tegen alle gevaar en dreiging van deze nacht,' want wij geven toe dat, als we aan onszelf worden overgelaten, we alles zullen proberen om te vermijden dat onder ogen te zien: de nacht is vol dreiging en gevaar. We beëindigen de completen met het gebed: 'Dat we, wakker, mogen waken met Christus, en dat we, slapend, mogen rusten in de vrede.' *Requiescat in pace.* RIP.

In de completen spreken we tot God in het donker. Dat moest ik leren doen – bidden in de duisternis van benauwdheid en kwetsbaarheid, in twijfel en ontgoocheling. Het waren de completen die woorden gaven aan mijn vrees en verdriet en me de kans gaven om de leer van de kerk opnieuw te ontmoeten, niet als keurige kleine pijnstillers, maar als een licht in het duister, als goed nieuws.

Als we verdrinken hebben we een reddingsboei nodig, en onze reddingsboei in verdriet kan niet louter de optimistische gedachte zijn dat onze omstandigheden zullen verbeteren. We weten immers dat dat misschien niet zal gebeuren. We hebben gebruiken nodig die niet slechts onze vrees en pijn verzachten, maar die ons leren om te wandelen met God in de vuurproef van onze eigen kwetsbaarheid.

In dat moeilijke jaar wist ik niet hoe ik zowel God als de verschrikkelijke realiteit van menselijke kwetsbaarheid overeind kon houden. Ik ontdekte dat de gebeden en gebruiken van de kerk me de kans gaven om me vast te houden aan – of veeleer vast te laten houden door – God, waar weinig anders stevig genoeg leek, om me vast te houden aan het christelijke verhaal zelfs als ik geen bevredigende antwoorden vond.

Er is één gebed in het bijzonder, aan het einde van de completen, dat al mijn verlangen, pijn en hoop bevatte. Het is een gebed waarvan ik ben gaan houden, dat is gaan voelen als deel van mijn eigen lichaam, een gebed dat we inmiddels zo vaak gebeden hebben als gezin dat mijn achtjarige dochter het woord voor woord kan opdreunen:

Waak, lieve Heer, bij wie werken, waken of wenen vannacht, en laat uw engelen hen behoeden die slapen. Zorg voor de zieken, Heer Christus; geef rust aan vermoeiden, zegen de stervenden, troost wie lijden, heb medelijden met de beproefden, bescherm wie blij zijn, en dat alles omwille van uw liefde. Amen.

Dit gebed wordt door velen toegeschreven aan Augustinus,[18] maar het is vrijwel zeker dat hij het niet heeft geschreven. Het duikt opeens op, eeuwen na Augustinus' dood. Een geschenk, in stilte ingevoegd in de traditie, dat op z'n minst één gezin in staat stelde om dit heerlijke, hartverscheurende mysterie van het geloof nog wat langer te verdragen.

Terwijl ik dit gebed iedere avond uitsprak, zag ik gezichten voor me. Ik zei 'zegen de stervenden' en stelde me de laatste momenten voor van mijn vaders leven, of mijn zoons die ik had verloren. Ik bad dat God wie werken zou zegenen en dacht aan de drukke verpleegsters die me hadden omringd in het ziekenhuis. Ik zei 'bescherm wie blij zijn' en dacht aan mijn dochters die veilig in hun kamer sliepen, kroelend met hun knuffeluil en -flamingo. Ik zei 'troost de zieken' en zag mijn moeder, aan de andere kant van het land, net weduwe geworden en verdwaald in haar verdriet. Ik zei 'geef rust aan de vermoeiden' en ging met mijn vinger langs de lijnen van vermoeidheid op het slapende gezicht van mijn man. En ik dacht aan de gezamenlijke zorgen van de wereld, die we allemaal op grote en kleine manieren met ons meedragen – de gruwelen die ons de adem benemen, en de gewone, alledaagse verliezen van al onze levens.

Als een botanist die verschillende eikensoorten in kaart brengt tijdens zijn wandeling, zo noemt dit gebed specifieke categorieën van menselijke kwetsbaarheid. In plaats van in het algemeen te bidden voor de zwakken of hulpbehoevenden, nemen we de tijd voor specifieke geleefde werkelijkheden, unieke gevallen van sterfelijkheid en zwakheid, en nodigen we God uit bij elk daarvan.

Dit boek is een meditatie over dit geliefde gebed. Het gaat over hoe je de weg van het geloof blijft bewandelen zonder het duister te ontkennen. Het gaat over het gruwelijke en toch zo gewone lijden dat ieder van ons met zich meedraagt, en wat het betekent om, te midden van dit alles, God te vertrouwen.[19]

2

Waak, lieve Heer

Pijn en presentie

Als kind was ik bang voor wat zich schuilhoudt in het donker – monsters in de kast, spookgeluiden van takken die over het dak schrapen, gevaarlijke kerels vlak achter de deur.

In die tijd sprong ik vaak uit mijn bed en wrong mezelf tussen mijn slapende moeder en vader in. Maar waar vind ik mijn veilige plekje, nu ik zelf de ouder ben met mijn eigen vijf jaar oude kind dat bij ons in bed kruipt elke nacht? Het lijkt makkelijker om je te verschuilen voor ingebeelde monsters in de kast dan voor de vrees voor kanker of de teleurstelling die je teistert of het verlies van een baan of de moeilijke gesprekken die ik terugluister in mijn hoofd of mijn onzekerheid over hoe ik mijn kinderen opvoed of hoe ik goed leef of God vertrouw.

De band *Over the Rhine* heeft een liedje waarin wordt gevraagd: 'Who will guard the door when I am sleeping?'[1] Elke nacht stel ik die vraag. Is er iemand die de wacht houdt over mij?

Wat betekent het dat God waakt bij ons?

Te midden van duizenden vergeten preken in mijn leven is er één zin uit één preek die ik nooit zal vergeten.

Het was een grijze zondagmorgen en ik studeerde nog. Een paar maanden eerder was een drie jaar oud jongetje uit onze kerk verdronken. Onze gemeente was nog helemaal van haar stuk door dit verdriet, en ik luisterde naar mijn dominee, Hunter, die preekte over vertrouwen op God. 'Je kunt er niet op vertrouwen dat God ervoor zorgt dat je niets slechts overkomt,' zei hij. Ik was met stomheid geslagen.

Wat hij zei spreekt voor zich. Er gebeuren voortdurend slechte dingen, en ik wist dat toen net zo goed als nu. Maar wat hij zei was ook schokkend. Ergens diep vanbinnen, op een plek waar ik geen woorden voor had, had ik gehoopt dat God ervoor zou zorgen dat me niets kwaads zou overkomen – dat het op de een of andere manier zijn werk was om dat te doen, dat hij me dat verschuldigd was. De naakte waarheid van wat Hunter zei stond voor me, onmiskenbaar en schrikwekkend.

Natuurlijk zorgt God ervoor dat veel slechte dingen ons niet overkomen. We weten niet op hoeveel ongeziene manieren ons lijden bespaard is gebleven – ongelukken die we niet kregen, verwondingen die we ternauwernood vermeden, verwoestende relaties waaraan we nooit begonnen, ziekten die in stilte door onze witte bloedlichaampjes werden verslagen in ons lichaam, zonder dat we er iets van merkten.

Maar het ging Hunter erom dat God niet alle slechte dingen bij ons weghoudt. Je kunt er niet op vertrouwen dat hij dat doet, omdat hij dat ook nooit beloofd heeft. Dat is blijkbaar niet zijn baan. Onze schepper laat ons kwetsbaar zijn.

Maar als we er niet op kunnen vertrouwen dat God het slechte bij ons weghoudt, kunnen we hem dan überhaupt nog wel vertrouwen?

> *Maar als we er niet op kunnen vertrouwen dat God het slechte bij ons weghoudt, kunnen we hem dan überhaupt nog wel vertrouwen?*

Dat was de vraag die ik niet van me af kon schudden, de vraag die me kwelde in de lege stilte van de nacht.

In 2017, na maanden praten over verdriet en verlies, over mijn ouders en mijn huwelijk, over lichamelijke trauma's en depressie, over de nacht en 'troostende activiteiten' keek mijn therapeut me aan en vroeg: 'Waar is God in dit alles?'

Zou ik kunnen geloven dat God om me geeft als hij er niet voor zorgt dat me niets slechts overkomt? Zou ik hem kunnen vertrouwen als ik bang ben dat hij toestaat dat ik, of degenen van wie ik houd, pijn lijden? Als ik kijk naar het gigantische, gezamenlijke verdriet van de wereld, kan ik dan nog steeds God kennen als vriendelijk of liefdevol? Is er iemand die op ons past? Is er iemand die waakt?

De theologische worsteling die ik doormaakte heeft een lange geschiedenis en een naam: theodicee.

Theodicee is de naam voor het abstracte 'probleem van het lijden' – het logische dilemma van hoe God goed kan zijn en almachtig als er regelmatig verschrikkelijke dingen gebeuren in de wereld. Het benoemt ook de geloofscrisis die zo vaak geboren wordt uit een ontmoeting met het lijden.[2]

Dit was niet de eerste keer dat ik worstelde met de theodicee. Maar door ons moeilijke jaar – en misschien simpelweg doordat ik ouder werd – keerden onopgeloste problemen wraakzuchtig en spottend terug in de lange donkere nacht.

De theodicee is niet slechts een koud filosofisch raadsel. Het is de motor voor onze bitterste twijfels. Het kan er soms voor zorgen dat het geloof helemaal wegwijnt. Een recent onderzoek liet zien dat de meest genoemde reden voor ongeloof onder millennials en mensen uit de generatie Z is dat ze 'het moeilijk vinden om te geloven dat een goede God zo veel kwaad of lijden in de wereld zou toestaan'.

Deze worsteling neemt zienderogen toe. In deze tijd verwoorden meer jonge mensen hun frustratie en verwarring over de theodicee dan in de laatste paar generaties.[3] Velen van hen die afdwalen naar agnosticisme of atheïsme doen dat niet vanuit een beredeneerd bewijs (omdat er geen onherroepelijk bewijs is voor of tegen het bestaan van God) maar vanuit een diep gevoel dat, als er een God is, hij (of zij of het) niet te vertrouwen valt. Dit is ongeloof als protest.[4] In het toneelstuk *Endgame* van Samuel Beckett verwerpt het personage Hamm het bestaan van God met de schimpscheut: 'De schoft! Hij bestaat niet!'[5]

Als er geen God is, verdwijnt het probleem van het lijden. In zijn boek *Dit is geen verdediging* legt Francis Spufford uit dat 'er als God afwezig is natuurlijk nog steeds pijn is. Maar er is geen probleem. Het is gewoon wat gebeurt.'[6] Maar, zo zegt hij:

> Zodra de God van alles in beeld komt, en de fysica en biologie en geschiedenis van de wereld ten diepste zijn verantwoordelijkheid worden, begint het gebrek aan liefde en bescherming in de orde van de dingen het uit te schreeuwen. ... De enige makkelijke manier om dit probleem op te lossen is de verwachting verwerpen die het probleem veroorzaakt, door de schrijver zelf terzijde te schuiven.[7]

Als er geen liefdevolle God is, verdampen de vragen over de theodicee, maar dat geldt dan ook voor iedere bevrijdende betekenis die ons lijden zou kunnen hebben, ieder transcendent verhaal waarbinnen we ons lijden zouden kunnen plaatsen. En wat nog belangrijker is, als we het probleem van het kwaad op deze wijze terzijde schuiven, moeten we het 'probleem van het goede' onder ogen zien.[8] De filosoof Alasdair MacIntyre schreef dat als we God verwerpen om de spanning die het lijden creëert weg te nemen, ook de goedheid daarmee verdwijnt. Roepen dat iets 'goed' is zonder enige overkoepelende betekenis is louter zeggen 'Hoera hiervoor!' of 'Ik houd hiervan!', wat prima is, maar het negeert onze diepere intuïtie dat ware schoonheid, vriendelijkheid, tederheid en verwondering delen in en wijzen op een echt en ultiem fundament.[9]

Als er niemand is die bij ons waakt, niemand die we het kunnen toevertrouwen om op ons te passen in de nacht, dan is alles wat gebeurt, hoe goed of slecht ook, louter chaos, lot, en biologisch toeval. Maar geloof in een transcendente God betekent dat we met het probleem van het lijden opgezadeld zitten. Er staan bibliotheken vol boeken die de vraag van de theodicee proberen te beantwoorden – honderden antwoorden en oplossingen, waarvan veel heel goed en wijs.

Maar ondanks alle inkt die gevloeid heeft, zijn we niet tevreden. Onze vragen zijn hardnekkig.

Want uiteindelijk is de theodicee geen kosmische wiskundige vergelijking, waarbij we er simpelweg achter moeten komen waar de x voor staat. Het is haast een oerkreet. Een schreeuw. Een verlangen. Een protest vanuit de diepten van het menselijk hart.[10]

Waar bent U, o God? Is er iemand die bij ons waakt? Ziet iemand ons? En vertel ons, waarom! Waarom dit kwaad, dit gebroken hart, dit lijden?

Ik ben de theodicee gaan zien als een existentieel messengevecht tussen de werkelijkheid van onze eigen wankele kwetsbaarheid en onze hoop op een God die te vertrouwen is.

Aan het einde van de dag – in mijn geval, letterlijk in de duisternis van de nacht – kan het probleem van de theodicee niet opgelost worden. Zoals Flannery O'Connor schreef, is het geen 'probleem dat opgelost kan worden, maar een mysterie dat verdragen moet worden.'[11]

We spreken soms over een mysterie alsof het een code is die we moeten kraken – alsof alle kennis die er voor nodig is ons ter beschikking staat, maar we er gewoon nog niet uit zijn. Maar het ware mysterie roept dingen op die fundamenteel buiten ons bereik liggen. Mysterie is een ontmoeting met een onnavolgbare werkelijkheid, een erkenning dat de wereld barst van mogelijkheden omdat die doordrenkt is van de schokkende en onvoorspelbare aanwezigheid van God. Kardinaal Avery Dulles schreef dat mysteries 'niet volledig begrijpelijk zijn voor het beperkte verstand', maar dat de oorzaak hiervan niet ligt in 'de armoede, maar de rijkdom' van het mysterie.[12]

Een van de redenen dat er geen keurig antwoord is op het probleem van het lijden is dat pijn en gebrokenheid ten diepste antirationeel zijn. Christenen verstaan kwaad en lijden als krachten van 'antischepping'.[13] Ze passen niet in de wereld van rede en orde, omdat ze de rede dwarsbomen en de orde verstoren. Als er een pasklare uitleg was voor het lijden zou die noodzakelijkerwijs ergens in de orde van de kosmos moeten passen, een essentieel onderdeel van de werkelijkheid moeten zijn. Maar de vroege kerk zag het lijden en kwaad als absurde en onverklaarbare abnormaliteiten, een flagrante afwezigheid van het goede en ware.[14]

Maar ten tweede, en veel belangrijker, kan het probleem van het lijden niet adequaat worden opgelost, omdat we ten diepste helemaal geen *antwoord* willen. Uiteindelijk willen we niet dat God simpelweg uitlegt hoe het zit, dat hij vertelt hoe orkanen of hoofdpijn passen in zijn allesomvattende reddingsplan. We willen daden. We willen de dingen rechtgezet zien.[15]

Ten diepste is de theodicee verlangen naar een God die ons lijden opmerkt, die genoeg om ons geeft om te handelen, en die alles nieuw zal maken. Het is een hunkering die zich niet laat afschudden, die we allemaal delen tot in het diepst van ons lijf en met ons meedragen elke dag – en elke nacht.

In mijn favoriete boek van C.S. Lewis, *Het ware gelaat*, schrijft de hoofdpersoon Orual een aanklacht tegen de goden. We horen haar verhalen van lijden: lelijk geboren zijn, als jong kind haar moeder verliezen, haar beste vriend en diepste liefde vinden – haar kleine zusje – om haar daarna te verliezen. Verdriet na verdriet wordt uitgespeld tot in het bitterste detail.

Orual eist een antwoord. Ze eist dat de goden zichzelf rechtvaardigen.

Op de laatste bladzijden van het boek ontmoet Orual, met haar lijst aanklachten nog in haar hand, God in een visioen. Ze wordt veranderd en besluit haar boek als volgt: 'Ik weet nu, Heer, waarom u geen antwoord geeft. U bent zelf het antwoord. Voor uw aangezicht verstommen de vragen. Welk ander antwoord zou voldoen? Slechts woorden, woorden; gestameld om te strijden tegen andere woorden.'[16]

In ons diepste lijden willen we niet simpelweg woorden om andere woorden te bestrijden. We willen dat de dingen rechtgezet worden.

Christenen hebben altijd de werkelijkheid van het lijden gekend. Ze hebben oorlogen en plagen meegemaakt, zonder vaccins of moderne medicijnen, toen de dood altijd op de loer lag, toen het lijden om zich heen greep en onvermijdelijk was, toen de nachten beangstigend duister waren. Toch hebben miljoenen gelovigen zich koppig vastgehouden aan deze paradox: God is goed en machtig, en er gebeuren regelmatig verschrikkelijke dingen in de wereld.

De kerk heeft deze paradox altijd gekend, maar in plaats van diens spanning op te lossen, heeft ze die laten bestaan. We hebben de snaar laten trillen in dissonant, duizenden jaren lang, altijd gelovend dat het probleem alleen opgelost zal worden als God zelf de laatste consonant aanslaat.

Mijn diepste vraag, Waar is God in dit alles?, is een hunkering die ik hoop te verdragen tot er een einde komt aan mijn verlangen. Ik verlang naar rechtvaardigheid, naar wederopstanding, naar heelheid, gezondheid en herstel. En ik zal pas tevreden zijn als God – voor wiens aangezicht onze vragen verstommen – alles, tot het laatste ding toe, goed zal maken.

Maar zover zijn we nog niet. We leven in de tussentijd. Hoe kunnen we, in deze tussentijd, zo'n mysterie verdragen? Hoe kunnen we leven als christenen in een wereld waarin kinderen lijden, huwelijken kapotgaan, onrechtvaardigheid rondraast, tirannen succes hebben, waarin we geconfronteerd worden met frustratie en vergeefsheid, waarin we ziek worden en waarin we allemaal uiteindelijk sterven? Hoe vertrouwen we een God die geen einde maakt aan dit alles? Hoe durven we hem te vragen over ons te waken?

Als pastor heb ik ontdekt dat op de meest kwetsbare en meest menselijke momenten van ons leven de geloofsleer onvermijdelijk is. Als alles wegvalt, valt ieder van ons, van atheïst tot monnik, terug op wat wij geloven over de wereld, over onszelf en over God.

Mijn vriendin Julie (de vrouw van Hunter) is kunstenaar. Haar waterverfschilderijen hangen in mijn keuken. Jaren geleden moest haar zoontje, toen hij nog heel jong was, een operatie ondergaan. Net als alle ouders van wie een kind moet worden geopereerd waren ze bezorgd. Voor de verpleegsters hun kleine jongen de operatiekamer inreden, keek Julie Hunter aan en zei: 'Wij moeten nu, op dit moment, beslissen of God wel of niet goed is, want als we daarmee wachten tot na de resultaten van deze operatie, dan zullen we God altijd op de proef stellen.'

Als de vraag of God wel of niet bestaat – of vriendelijk of onverschillig of een schurk is – alleen bepaald wordt door de balans van vreugde en verdriet in ons eigen leven of in de wereld, dan zullen we nooit in staat zijn om iets te zeggen over wie God is of hoe God is. Het bewijs is eerlijk gezegd niet overtuigend. Als het verhaal van mijn korte leven en gevoelens Gods karakter bepalen, dan is hij Jekyll en Hyde. Deze benadering van God wordt een pokerspel zonder einde. Tegenover iedere adembenemende walvissprong, zet ik een bosbrand in die hectare na hectare vernietigt. Tegenover iedere trek van de monarchvlinder zet ik teken die de ziekte van Lyme verspreiden in. Voor iedere moeder die betoverd wordt door de eerste glimlach van haar kind is er een andere moeder wier pasgeborene vecht voor zijn laatste adem. Voor iedere inspirerende daad van menselijke goedheid is er een ander die plannen smeedt tegen de zwakken. In heel ons leven, van het meest gelukkige tot het meest tragische, is het indirecte bewijs voor Gods goedheid verdeeld. Er is schoonheid en er is verschrikking.

We kunnen de menselijke kwetsbaarheid en Gods betrouwbaarheid niet bij elkaar houden, tenzij er een of ander vast teken is dat God van ons houdt, dat hij geen afwezige landheer is of, nog erger, een monster. Maar we kunnen zo'n teken niet afleiden uit de omstandigheden van ons leven of de wereld. We moeten besluiten wat we geloven over wie God is en hoe hij is. We moeten besluiten of er iemand is die bij ons waakt. Het is onvermijdelijk – ja, zelfs op het irritante af – een besluit dat gebaseerd is op de geloofsleer, de basisprincipes waar we steeds weer naar terugkeren, het verhaal waarmee we ons leven definiëren.

Francis Spufford schrijft: 'We hebben geen bewijs dat het probleem van de wrede wereld oplost, maar we hebben een verhaal.'[17] Daarom is wat we ook beweren te geloven of niet te geloven, dat wat bovenkomt in onze meest kwetsbare momenten onvermijdelijk het verhaal waarop we ons leven bouwen.

Het christendom geeft ons geen beknopte verklaring voor kwetsbaarheid, verlies of pijn, maar het geeft ons een verhaal – een echt verhaal uit de geschiedenis. De *Catechismus van de katholieke kerk* zegt dat 'de christelijke boodschap geen enkel aspect bevat dat niet ten dele een antwoord is op de vraag van het kwaad [en menselijk lijden].'[18] Het hele verhaal van de geschiedenis van verlossing is nodig om onze vragen over Gods aanwezigheid in het donker te vormen. Er mag dan geen pasklare oplossing zijn voor het probleem van het lijden, maar dit komt niet doordat deze vragen onbelangrijk zijn of uiteindelijk onbeantwoordbaar. Als er iets is wat ergens een christelijk antwoord op onze vragen over de theodicee benadert, dan is dat het verhaal.

> Als er iets is wat ergens een christelijk antwoord op onze vragen over de theodicee benadert, dan is dat het verhaal.

Toen Julie in de wachtkamer van het ziekenhuis zat en chirurgen in de tere huid van haar zoon sneden, verplichtte ze zichzelf om te besluiten of God te vertrouwen was, ongeacht het resultaat van de operatie. Ze moest besluiten of ze de beweringen geloofde die het christendom doet over Gods goedheid. Ze stopte met het pokerspel, ruimde haar kaarten op en besloot om een God te vertrouwen die niet garandeerde dat er niets slechts zou gebeuren met haar of haar zoon.

Maar dit was geen willekeurig besluit; geen sprong in het duister. Ze krikte zich niet simpelweg een beetje op, om de goedheid van God te bevestigen ondanks tegengesteld bewijs. Ze keek naar bewijs, hoewel niet het bewijs van haar leven, en ook niet het scorebord van het totaal aantal goede dingen in de wereld versus het totale aantal slechte dingen. In plaats daarvan keek ze naar het leven van Jezus. In dat verhaal verankerde ze haar besluit of ze God kon vertrouwen, zonder te weten wat er daarna zou gebeuren.

De kerk heeft altijd verkondigd dat als we willen zien hoe God is, we naar Jezus moeten kijken – 'een man van smarten' (Jesaja 53:3), bekend met verdriet, een ambachtsman van het platteland, die lijden kende, groot en klein, en stierf als een misdadiger, meestentijds alleen.

Op raadselachtige wijze neemt God onze kwetsbaarheid niet weg. Hij komt erin binnen.

Jezus verliet een plek waar geen nacht is, om binnen te gaan in onze duisternis. Hij maakte kennis met blaren en spijsverteringsproblemen, met gebroken relaties en de dood van vrienden, met een onderdrukkende overheerser, de vernedering van armoede en de verschrikking van geweld. Eens zweette hij 's nachts bloed, en vroeg de Vader om hem dit lijden te besparen, huilend in het eenzame duister terwijl zijn vrienden in slaap vielen. Hij zei: 'Laat niet wat ik wil, maar wat U wilt gebeuren' (Lucas 22:42) en kort daarna werd Hij doodgemarteld.

God zorgde er niet voor dat er niets slechts zou gebeuren met God zelf. Kijken naar Jezus is weten dat onze schepper pijn gevoeld heeft, moeite gekend heeft, en weet van verdriet. Maar onze hoop in het lijden is niet louter een blik in de biografie van een man uit het verre verleden vastgelegd in de bladzijden van de Bijbel. Het verhaal van het evangelie is niet slechts een mantra of een historisch relikwie. Het is levend en duurt voort. Het werk van Jezus gaat door, zelfs nu, in onze alledaagse levens. In de tegenspoed kijken we dus niet slechts naar Jezus als een man die dat ook heeft meegemaakt, ooit in een ver verleden. We ontdekken dat hij hier bij ons *is*, tegenwoordige tijd. Hij deelt in ons lijden, zoals wij – op mysterieuze wijze – in ons lijden delen in de volheid van Christus' leven.

We kunnen het christelijke verhaal of Christus' voortdurende aanwezigheid in ons leven echter niet omhelzen door een daad van louter wilskracht of via een cognitief proces. Onze hoop in het lijden is niet iets wat we met ons meedragen als een paraat feit of, nog erger, een onweerlegbaar antwoord. Ik ga het christelijk verhaal niet vertrouwen op dezelfde manier als ik erop vertrouw dat Lake Superior het grootste meer is van de Great Lakes of dat brood gemaakt is van gist en meel. Het verhaal waarmee we leven is er een waarin we op de een of andere wijze binnengaan – we ontdekken onze eigen kleine levens en verhalen in het grotere verhaal van God en zijn kerk.

Wij doen dat door de gewoonten en gebeden die we ontvangen van wie ons zijn voorgegaan. We leren het ambacht van het geloof, dat ons de kans geeft om een aanwezige, verrassende, frustrerende en oneindig genadige God te kennen. In de tegenwoordige tijd.

Jaren geleden beklommen Jonathan en ik tijdens een vakantie in New Hampshire de Mount Washington, die berucht is vanwege het grillige weer. Het kan in een paar uur van zonnig en warm veranderen in sneeuwval. De wind is zo sterk dat de berg eens het record vestigde van de snelste windvlagen op aarde. Tijdens onze beklimming dachten we dat we van de berg afgeblazen zouden worden (we hebben geen foto's van die dag waarop mijn haar niet helemaal voor mijn gezicht geblazen wordt). En dan is er nog de mist, die zo hevig neerslaat en zo dicht is dat er klimmers zijn die verdwaalden en stierven. Daarom hebben de lieve mensen van New Hampshire steenhopen geplaatst langs de route: massieve, torenhoge rotsformaties die de richting aangeven. Als de mist laag hangt en het weer gevaarlijk is, kunnen klimmers een schuilplaats zoeken onder aan de berg of bij de top door van steenhoop naar steenhoop te lopen in de dichte mist.

In tijden van diepe duisternis waren de gebeden en gebruiken van de kerk de steenhopen die me op de weg van Jezus hielden.

Als ik niet kon bidden, zei de kerk: 'Hier zijn wat gebeden.' Als ik niet kon geloven, zei de kerk, 'Kom aan tafel en ontvang

> *In tijden van diepe duisternis waren de gebeden en gebruiken van de kerk de steenhopen die me op de weg van Jezus hielden.*

voedsel.' Als ik niet kon meedoen in de kerkdienst, zong de kerk voor me in de taal van het geloof.

Met de geërfde manieren van bidden en vieren – liturgische praktijken – heeft de oude kerk voor ons steenhopen gebouwd, om ons te helpen dit mysterie te doorstaan, om ons op dit pad van geloof te houden en naar huis te leiden.

De theodicee is op geen enkele wijze 'opgelost' voor mij. Het is zelfs niet oplosbaar in het hier en nu. Op allerlei manieren dwaal ik nog steeds rond in de mist. Maar ik heb steenhopen gevonden om te volgen, en ze hebben vele anderen geleid, te midden van dit dwaze en onvoorspelbare weer.

Ik heb een vriendin die textielkunstenaar is. Ze maakt onder andere scheepsvlaggen, omdat die niet alleen mooi zijn maar ook iets toevallig poëtisch over zich hebben. Volgens Merritt Tierce, 'zijn er veertig vlaggen in een complete set van internationale maritieme signaalvlaggen – voor iedere letter van het Engelse alfabet één, één voor ieder getal, en vier vlaggen die vervangingswimpels worden genoemd en die bij speciale operaties worden ingezet.'[19]

Als ze los van elkaar of in verschillende combinaties worden gehesen, betekenen de vlaggen verschillende dingen. Wit met een blauw kruis, gevolgd door een vlag die verdeeld is in vier gekleurde driehoeken betekent *Wat doet de wind?* Gele en rode driehoeken betekenen *Man overboord*. Er zijn combinaties voor sterke stroming en om te waarschuwen voor storm. Tierce schrijft:

> Ik wou dat wij mensen, schepen als we zijn, met zulke vlaggen konden zwaaien, om onze staat van vertroosting of vernietiging over te brengen, onze huidige koers, onze verlan-

gens en gebreken. Misschien heeft mijn vriend radiocontact verloren, maar dan zou hij op z'n minst met zijn kleine Ik-lijd-op-deze-zonnige-dag-vlag kunnen zwaaien en dan zou ik mijn Ik-zal-met-je-wandelen-en-luisteren-vlag kunnen hijsen. We zouden elkaar begrijpen en kunnen handelen zonder al die woorden te gebruiken.[20]

In deze tijd van radio en digitale communicatie, satellieten en gps hebben schepen nog steeds vlaggen aan boord voor als al het andere faalt, maar ze worden nog maar zelden gebruikt. Vlaggen op schepen zijn een beetje zoals zuurstofmaskers in vliegtuigen: ze zijn nodig als alles helemaal misgaat. Als je, drijvend op de onmetelijke zee, alleen nog een klein vierkant lapje wapperende stof overhebt als noodkreet, dan ben je er heel slecht aan toe.

Stel je nu eens voor dat je in een boot zit, verdwaald en bang, stuurloos, terwijl de zon ondergaat. Er is geen enkele manier om met iemand contact te maken behalve de vlag die je gegeven is voor dit moment. Je weet niets anders te doen en dus hijs je de vlag – helderwit met een rode X.

Je ziet een schip, ver weg nog, maar het komt steeds dichterbij. Het hijst een vlag in antwoord, een helderrode ruit op een wit veld, gevolgd door een andere die bestaat uit twee driehoeken, geel en rood, en vervolgens een laatste met een witte onregelmatige vierhoek gemarkeerd met een rode cirkel.

Dit is de vlaggencombinatie die mijn vriendin naaide om aan haar slaapkamermuur te hangen. Het betekent *Ik zal dicht bij je blijven vannacht.*

Toen ik stuurloos was door verdriet, niet wetend wat ik moest doen, werden de gebeden van de kerk, vooral de gebeden van de completen, mijn vlag om mee te zwaaien in de nacht.

God biedt ons deze hoop: Hij zal dicht bij ons blijven, zelfs in het donker, in twijfel, in angst en kwetsbaarheid. Hij belooft niet dat hij alle slechte dingen zal voorkomen. Hij belooft niet dat de nacht niet zal komen of dat die niet beangstigend zal zijn, of dat we meteen naar de kust gesleept zullen worden.

Hij belooft dat Hij ons niet alleen zal laten. Hij zal waken bij ons in de nacht.

Spufford schrijft dat we uiteindelijk 'niet vragen om een schepper die zichzelf nader kan verklaren. We vragen om een vriend in tijden van verdriet, een echte rechter in tijden van verwarring, meer hoop dan we kunnen opbrengen in tijden van wanhoop.' Als we zwaar lijden, zo zegt hij, is er geen verklaring, geen reden, geen antwoord dat ons gebroken hart kan helen. 'De enige troost die iets kan uitrichten – en waarschijnlijk kan het je slechts helpen om vol te houden, of als je het niet vol kunt houden om te falen en te bezwijken zonder een vreselijke hekel te hebben aan jezelf – is de troost van jezelf geliefd voelen.'[21]

Dat is wat ik uiteindelijk moest weten.

Deel 2

De weg van het kwetsbare

*Diep in dat duister starend,
Stond ik daar lang, verwonderd,
Vrezend, twijfelend*
Edgar Allan Poe

*Omdat we leven in de tegenwoordige tijd
Hangt de enige hoop om van betekenis te zijn
Volledig af van de bron van licht*
Fugazi, 'Closed Captioned'

3

Wie wenen

Klaaglied

Slapen, eten, dansen, seks hebben, tv-kijken, uitgaan, de metro nemen, piekeren, twitteren, in bad gaan, lezen.

Onze nachten kunnen vol zijn van al deze dingen.

Waarom vraagt dit gebed dan aan God om specifiek te waken bij wie werken, waken of wenen? Ik weet het niet goed. Het is overduidelijk niet bedoeld om het hele arsenaal aan nachtelijke activiteiten op te sommen.

Toch hebben deze woorden me gevormd, in al hun allitererende pracht. Terwijl ik dit gebed avond aan avond bad, begonnen werken, waken en wenen voor mij niet slechts dingen te vertegenwoordigen die we 's nachts doen, maar de manier waarop we gelovig door een wereld gaan waarin we allemaal heel vatbaar zijn voor het kwaad. Deze woorden werden het stevige raamwerk waarop mijn begrip groeide hoe ik dit mysterie van de theodicee kon verdragen.

Jezus' antwoord op het donker bestond uit werken, waken en wenen – en wij sluiten ons bij hem aan door hetzelfde te doen.

Laten we beginnen bij het slot: wenen.

De tegenspoed in mijn leven is niet meer geweest dan het gebruikelijke. Mijn ervaringen van verlies en verdriet zijn gewoon.

Ik zou natuurlijk kunnen klagen (en dat doe ik soms ook). Ik weet van teleurstelling en groot verdriet, zelfs traumatische ervaringen. Ik heb de deur platgelopen bij hulpverleners om te leren leven met pijn uit mijn verleden en teleurstellingen in het heden.

Maar ik heb ook enorm veel ontvangen om dankbaar voor te zijn. Ik groeide op bij ouders die om me gaven. Ik heb gestudeerd. Ik hoefde me nooit af te vragen waar mijn volgende maaltijd vandaan zou komen. Ik heb kinderen waar ik dol op ben. Ik ben betrekkelijk gezond. De mensen van wie ik houd, houden ook van mij. Ik heb het goed.

Zelfs in het zware jaar 2017 wist ik dat mijn verdriet niet ongewoon was. Bijna ieder van ons zal op zeker moment een ouder verliezen. Ongeveer een kwart van de zwangerschappen eindigt in een miskraam. De meeste mensen verhuizen, hebben heimwee, voelen zich eenzaam. Toch maakt weten dat dit alles gewoon is, de pijn van er zelf doorheen gaan niet minder.

Het grootste deel van mijn leven dacht ik, met mijn sterk Texaanse opvoeding en mijn eigen temperament, dat de kwaliteit van mijn leven me het recht ontnam om veel te zeggen over verdriet. 'Het kon slechter,' was ons familiemotto. Mijn vader, die arm opgroeide en weet had van ontberingen die ik niet ken, zei vaak: 'Ik was verdrietig dat ik geen schoenen had, tot ik een man zag zonder voeten.' Vervolgens zweeg hij, glimlachte en zei: 'En dus nam ik zijn schoenen. Hij heeft ze niet nodig. Hij heeft geen voeten!'

Papa zei ook: 'Ik heb vreselijke verwondingen aan mijn lip gehad, maar ik bleef gewoon doorfluiten.' Dit werd een gezegde in onze familie. Er was geen wond te groot om niet te herinneren aan pappa's oproep om te blijven 'doorfluiten'. Gebroken botten. Ongelukken. Operaties. Mijn vader moet vroeger wel aan een vreselijke wond aan zijn lip hebben geleden, omdat hij ergere verwondingen aan zijn lip had gehad dan welke wond ook die wij konden aandragen.

Walker Percy schreef dat de zuidelijke cultuur een soort samensmelting was van stoïcisme en christendom.[1] En mijn ouders konden zich flink houden als de beste stoïcijnen.

Ik denk niet dat dit alleen maar slecht is. In een cultuur die zich in toenemende mate overgeeft aan het koesteren van iedere klacht, ligt er diepe wijsheid in het in staat zijn om te benoemen wat goed en heel is in het leven, om verder te blijven gaan ondanks obstakels, om een breder perspectief te hebben, om tegenslag recht in de ogen te kijken en te lachen.

Maar de schaduwkant van dit verzet tegen verdriet is dat we niet leren treuren om het gewone lijden en verlies – de gewone maar niettemin zware lasten die ieder van ons draagt. Zolang iemand het slechter had (wat altijd wel zo is), had ik het gevoel dat ik niet verdrietig mocht zijn, mocht huilen of treuren.

Lange tijd dacht ik dat de enigen die verdrietig mochten zijn – tenminste, openlijk en zonder restricties – diegenen waren die ongekende tragedies hadden meegemaakt. De rest van ons sukkelt door met onze betrekkelijk kleine zorgen. We blijven fluiten.

Ik dacht ook altijd aan verdriet als een seizoen, iets tragisch waar je doorheen komt. Mensen verliezen een geliefde en dan rouwen ze vervolgens een jaar of twee.

Er zijn zeker specifieke seizoenen van diep verdriet. Verdriet is deels een reactie op plotseling verlies in je leven. Er zijn tijden van rouw. Maar de manier waarop ik aankijk tegen verdriet is veranderd. Ik ben verdriet ook gaan zien als deel van de dagelijkse ervaring van mens-zijn in een wereld die zowel goed als wreed is. In die zin is verdriet iets alledaags. Het is een echte en juiste reactie op onze kwetsbaarheid.

Ik zie verdriet niet langer als een reactie op een tragedie. Verdriet is iets van alle dagen. Wij krijgen dagelijks op de een of andere manier met verdriet te maken. We dragen pijn en verlies, kleine teleurstellingen en kwellende herinneringen.

> *Ik ben verdriet ook gaan zien als deel van de dagelijkse ervaring van mens-zijn in een wereld die zowel goed als wreed is.*

Zelfs als alles grotendeels goed gaat, proef ik knagend verdriet. Als mijn kinderen 's morgens vroeg vrolijk bij me in bed kruipen en hun armen om me heen slaan, heb ik heel even een gelukzalig gevoel. Maar zelfs dan is er een deel van mijn brein dat de schaduwkant opvangt: 'Vasthouden,' zegt het. 'Dit duurt maar heel even.' Bloemen verwelken, gras verdort. Alles waarvan je houdt is vluchtig. Ik kan nog steeds intens genieten van deze momenten; kwetsbaarheid en verlies doven dat niet uit. Ik heb niet eens het gevoel dat ik treur. En meestal ga ik verder met mijn gewone dag, terwijl ik nauwelijks erg heb in verdriet. Ik moet opstaan om de kinderen naar school te helpen.

Toch is het verdriet er altijd, ligt het stilletjes op de loer in iedere kamer als een versleten knuffel.

Onze stralende en schitterende levens, onze uitbarstingen van blijdschap, mooi werk, en liefde, worden altijd overschaduwd door de dood. Er zijn momenten waarop het verdriet versnelt en verscherpt, torenhoog en onvermijdelijk, en momenten waarop het zich terugtrekt. Maar het blijft de witte ruis op al onze menselijke ervaringen.

Als priester zie ik dat iedere week. De hoeveelheid pijn die zelfs de ogenschijnlijk meest gelukkigen onder ons te dragen krijgen is voldoende om me aan het wankelen te brengen. Ik sta voor de mensen in mijn kerk en ik ken hun verhalen. Hier is een mooie vrouw die het allemaal voor elkaar lijkt te hebben. Haar lieve zoon is verslaafd en ze leeft met de wetenschap dat haar liefde niet genoeg is om hem te redden. Daar is een man wiens gezin volmaakt lijkt. Hij is er nog steeds kapot van dat hij het nooit goed genoeg deed voor zijn vader. Hier is een vrouw met een jaloersmakende carrière. Ze verlangt naar een kind en is gestopt met het tellen van de miskramen. Mijn gemeente is geweldig en gewoon, maar in die ene zaal is er elke zondag genoeg verdriet om zelfs de hemel te laten verstommen.

Ik ken een geestelijk hulpverlener die haar sessies altijd begint met vijf tot tien minuten stilte. In stilte zitten is een nieuwe ervaring voor velen en ze vertelde me dat tijdens deze vijf minuten bijna iedereen die ze ontmoet begint te huilen. Vaak hebben ze geen woorden om uit te leggen waarom, maar in die lege stilte stroomt het gedempte verdriet dat ze met zich meedragen uit hun ogen.

Natuurlijk betekent de alomtegenwoordige realiteit van het verdriet niet dat we voortdurend verdrietig zijn. Verdriet maakt net zozeer onderdeel uit van ons als onze bloedsomloop of onze doopnaam, maar we zijn complexe mensen en we kunnen zowel vreugde als verdriet bijeenhouden, en dat doen we ook, omdat ze beide getuigen van dingen die waar zijn. Gelukkig proeven we, zelfs in een gewonde wereld, nog schoonheid, avontuur, groot enthousiasme en zelfs euforie.

Wat moeten we dan doen?

Allereerst moeten we leren huilen. Dit gaat velen van ons niet gemakkelijk af. We moeten onszelf de kans geven om verdriet op te merken, toe te geven en te ervaren. En we verzetten ons daar op allerlei manieren tegen, als personen, als cultuur en als kerk.

Dit gebed uit de completen staat ons niet toe om ons verdriet te negeren. Het herinnert ons aan wie wenen, omdat we allemaal weten, diep vanbinnen, dat er iedere nacht mensen huilen – en ieder van ons dat een keer 's nachts zal doen.

Ik had een vriend wiens gezin uiteenviel. Hij was altijd een optimist en op een dag zei hij tegen mij: 'Ik ben bereid om te rouwen, maar ik voel me niet meer verdrietig. Ik ben er moe van om me verdrietig te voelen.' Ik moest bijna lachen – niet om zijn misère, maar omdat ik me zijn gevoel heel goed voor kon stellen.

We willen ons gewoon niet verdrietig voelen. We doen bijna alles om dat te vermijden. En als we ons verdrietig moeten voelen, willen we op z'n minst dat ons verdriet stopt als ons dat goeddunkt. We willen dat verdriet een taak is die we kunnen voltooien; de ovenwekker van onze ziel piept en we gaan verder met iets anders. Maar zo werkt verdriet niet. We hebben er even weinig controle over als over het weer. Het is niet simpelweg een verstandelijke activiteit, een cognitieve erkenning van verlies. Je verdrietig voelen is de prijs die je betaalt voor emotioneel in leven zijn. Ja, het is zelfs de prijs voor heiligheid. Christenen moeten mensen zijn die rouwen. Dat hoort er nu eenmaal bij. Het is een onderscheidend kenmerk van diegenen die Jezus 'zalig' noemde.

Mary Allerton, een puriteinse dichteres die met de *Mayflower* naar Amerika kwam, schreef nadat ze een levenloos kind ter wereld had gebracht een gedicht. Het begint zo:

> Er is nu geen tijd om te treuren, er is geen tijd.
> Er is slechts tijd om te baren in de kou.[2]

Bijna vierhonderd jaar nadat Allerton deze woorden schreef, zat ik in mijn kantoor en sprak met een vrouw over haar eigen verdriet. 'Ik ben verdrietig, maar ik heb geen tijd voor verdriet,' zei ze. 'Er moet zo veel gedaan worden. Ik moet doorgaan.' De vergelijking trof me. Hier waren twee vrouwen in totaal verschillende omstandigheden, vier eeuwen van elkaar gescheiden, en zonder het te weten zeiden ze bijna exact hetzelfde. Ze deelden dezelfde pijn.

De meeste Amerikanen hebben de aangeboren neiging om zich te verzetten tegen verdriet. Het zit in ons nationale DNA; het is het water waarin we zwemmen. Amerikanen zijn geneigd tot optimisme en vooruitgang, bedrijvigheid en productiviteit.[3] Opschieten! We hebben op subtiele wijze geleerd dat 'er geen tijd is om te treuren'.

Henri Nouwen begint zijn boek *Een brief van troost en bemoediging* met een verhaal over de maanden na de dood van zijn moeder, waarin hij besefte dat hij zijn leven gevuld had met werk en bezigheden. Hij schrijft:

> Het drukke ... leven moedigde me zeker niet aan om te luisteren naar mijn eigen schreeuw diep vanbinnen. Maar toen ik op een dag even pauze hield in mijn kantoor tussen twee afspraken door, besefte ik plotseling dat ik voor of na mijn moeders overlijden nog geen traan gelaten had. Op dat mo-

ment zag ik dat de wereld me zo in de greep had dat ik de kans niet kreeg om zelfs de meest persoonlijke, meest intieme en meest geheimvolle gebeurtenis in mijn leven ten volle te ervaren. Het leek alsof de stemmen om me heen zeiden: 'Je moet door. Het leven gaat door; mensen sterven, maar je moet blijven leven, werken, strijden. Het verleden komt niet meer terug. Kijk naar wat er voor je ligt.' Ik gehoorzaamde deze stemmen ... Maar ik wist toen dat dat niet zo kon blijven, als ik mijn moeder en mezelf echt serieus wilde nemen.[4]

Nouwen ging zes maanden in een klooster en in die periode van stilte betrapte hij zich er vaak op stilletjes te huilen, zelfs als hij niet bewust dacht aan zijn moeder of aan een ander verlies. Door gebed en vertraging kwam er iets in hem vrij.

Nadat mijn vader stierf, nam ik een week vrij om terug te reizen naar Texas, zeven dagen vol bijeenkomsten en voorbereidingen voor de begrafenis. Vervolgens ging ik meteen weer aan het werk, nam ik extra spreekbeurten aan en schrijfprojecten. Ik ging helemaal op in de nieuwe bediening binnen de gemeente. In de tragere, nachtelijke uren, eiste het begraven verdriet een luisterend oor, maar meestal weigerde ik om te luisteren. Mijn werk en mijn bezigheden werden geaccepteerde verslavingen die me in staat stelden om, net als Nouwen, 'mijn eigen schreeuw vanbinnen' te mijden.

Maar als we geen ruimte maken voor verdriet, kunnen we de diepten van de liefde van God niet ontdekken, de genezing die God soms aan de pijn ontwringt, de manier waarop rouwen wijsheid, troost en zelfs vreugde oplevert.

Als we geen tijd maken voor verdriet, zal het niet simpelweg verdwijnen. Verdriet is koppig. Het zal zijn stem laten horen, of we zullen sterven in een poging het te smoren. Als we het niet meteen onder ogen zien, komt het via omwegen bij ons, op een manier die niet altijd herkenbaar is als verdriet: explosieve woede, onbeheersbare bezorgdheid, dwangmatige oppervlakkigheid, broeiende bitterheid, onbeteugelde verslaving. Verdriet is een geest die niet rust voor hij zijn doel bereikt heeft.

Jarenlang leefde Jonathan met een bijna voortdurende onderstroom van woede. Het had hem en ons leven samen gevormd, het was de open zenuw in ons huis. Toen we een therapeut bezochten, begon zijn woede langzaam af te nemen. Iedereen die dicht om hem heen stond zag dat hij overduidelijk meer diepte kreeg. Hij is nog steeds een gepassioneerde kerel, en hij geeft eerlijk toe dat hij zelfs nu niet het toonbeeld van rust is, maar hij leert om niet te snel boos te worden.

Opmerkelijk genoeg ging hij, toen zijn woede afnam, huilen – eerst bijna voortdurend. Het gebeurde zo vaak en zo openlijk dat een aardige vrouw in onze kerk hem op zondag een setje zakdoeken gaf. Dit was een teken van zijn genezing. De therapeut vertelde ons dat er onder boosheid altijd angst of verdriet schuilgaat, of beide. Een opeenstapeling van verdriet dat lang genegeerd was, wilde nu gehoord worden. Jonathan rouwde om diep weggestopte verliezen, zelfs om woordeloze en onbekende pijn. Als een harde, geïnfecteerde korst bedekte de woede zijn oude wonden. Hij kon alleen genezen als hij een beetje zou bloeden, en dus stroomden zijn tranen als bloed.

Hoewel hij nu minder vaak huilt, huilt hij vrijer. Zijn tranen zitten dichter onder het oppervlak. Eindelijk heeft hij de gave van de zakdoek ontvangen.

Er is in de afgelopen jaren veel gesproken over onze 'woedecultuur' en hoe die afwijkende meningen smoort en leidt tot een minder vriendelijke, meer gepolariseerde maatschappij. Het christelijke antwoord op een woedecultuur ligt uiteraard niet in die cultuur overnemen, maar we kunnen ook niet simpelweg verbaal geweld veroordelen ten gunste van een soort zuivere vorm van verlichte logica die gevoelens helemaal ontkent. Er is echt veel waar we verontwaardigd over mogen zijn, veel verlies te betreuren, veel om over te rouwen. Het profetisch getuigenis van de kerk in een woedecultuur is om mensen te zijn die weten hoe we samen moeten huilen over de pijn en onrechtvaardigheid in de wereld (zowel toen als nu) en over de realiteit van onze eigen zonde en gebrokenheid. We moeten leren om te luisteren naar de angst en het verdriet onder de woede die mensen spuwen door politiek venijn en digitaal gif.

Na de publicatie van mijn eerste boek, dat ging over het dagelijks leven, leidde ik overal workshops met mensen, waarbij we onderzochten hoe we onze dag doorbrachten – onze tijd, werk, gewoonten en praktijken. Ik vroeg mensen ook altijd wat ze gewoonlijk deden als ze zich bezorgd voelden, eenzaam of verdrietig.

Keer op keer zag ik hoe we meestal verdovende afleiding zoeken als we pijn voelen. In plaats van het ongemak van de kwetsbaarheid te doorstaan, vluchten we in alcohol, werk, sociale media, films, vermaak, zelfs politiek debat. Geen van deze dingen is slecht in zichzelf. De mensen met wie ik sprak spuiten geen heroïne als ze een slechte dag hebben gehad. Niettemin zeggen ze op honderden verschillende manieren tegen mij dat 'er geen tijd is voor verdriet'.

Als we geen woedecultuur willen, is het niet zo dat we slechts een logisch denkende cultuur zijn of een afgeleide cultuur of een verdoofde of drukke cultuur. We moeten leren om een rouwende cultuur te zijn.

Als kerk moeten we leren om te vertragen en de leegte ongevuld te laten. We moeten tijd maken voor verdriet.

Een van mijn favoriete beelden van het volk van God is te vinden in een vrij onbekende passage uit het boek Ezra. Aan het einde van de ballingschap werd eindelijk het fundament van de tempel gelegd. Er was een groot feest, terwijl het volk Israël samenkwam om te aanbidden en om stil te staan bij Gods herstel. Dit was het moment waar ze op hadden gewacht, de hoeksteen van hun verlossing. Maar Ezra zegt: 'Veel priesters, Levieten en familiehoofden, de ouderen die de eerste tempel nog hadden gezien, huilden luid toen voor hun ogen de fundamenten van de tempel werden gelegd, maar vele anderen juichten en jubelden.

Juichen en huilen waren niet meer te onderscheiden, het gejubel was zo sterk dat het tot op grote afstand te horen was' (Ezra 3:12-13). Weg met alle waardigheid – deze mensen wisten hoe ze tegelijk moesten vieren en treuren over hun verliezen. Zelfs op dit moment van glorieus herstel bleef het litteken, en dat was het huilen meer dan waard.

Zo ziet het leven eruit tot God de dingen rechtzet, het leven in de tussentijd, in het 'reeds en nog niet'. We hebben gezien hoe het fundament van de tempel gelegd is – Paulus noemt Jezus zelf het 'fundament' (1 Korintiërs 3:11). Het geloofsleven dat ons gegeven is bevat zo veel overweldigende schoonheid; de genade die we hebben ontvangen is, zelfs op de meest gewone dag, bijna onbevattelijk. Toch is deze wereld nog niet vernieuwd. Verlies is altijd aanwezig. Schoonheid en pijn zijn met elkaar verweven, onmogelijk van elkaar te scheiden. Het volk van God gaf dat alles in het boek Ezra toe; ze ontkennen of bagatelliseren het niet, maar verkondigden dat zowel hoop als verlies beide door en door waar zijn, zozeer dat niemand de juichkreet kon onderscheiden van de weeklacht.

We kunnen dit niet alleen leren. We hebben gemeenschappelijke christelijke gewoonten nodig om zowel verdriet als vreugde ten volle te leren verwoorden, zonder ook maar iets af te doen aan één van beide. In haar boek *Mudhouse Sabbath* merkt Lauren Winner op dat christenen vaak graag opstanding en hoop verkondigen, wat ze toejuicht. Maar, zo zegt ze, 'Kerken zijn vaak minder goed in treuren. We missen een ritueel voor het lange en vermoeiende proces van verdriet en verlies.'[5] Maar als we gelovig door deze donkere wereld willen wandelen, dan moeten we onze verliezen betreuren, hoe tragisch of alledaags ook. We moeten huilen met wie huilen. Wij hebben de taak om gewoonten te vormen om zowel de gebrokenheid van de wereld als de belofte van wat nog komt eerlijk te benoemen.

> Wij hebben de taak om gewoonten te vormen om zowel de gebrokenheid van de wereld als de belofte van wat nog komt eerlijk te benoemen.

De Psalmen waren het eerste gebedenboek van de kerk. Voor de vroegchristelijke vaders en moeders bestond gebed uit het reciteren van de Psalmen, zoals vandaag de dag evangelische christenen wellicht aannemen dat gebed spreken tot God is, in eigen woorden. In zijn verhandeling over de kerkvaders uit het vroege christendom zegt Robert Wilkens het volgende:

> Gebed komt op de eerste plaats, omdat er zonder regelmatig, gedisciplineerd gebed geen echt geestelijk leven is. En gebed betekent voor de monniken heel specifiek: het reciteren van strofen uit de psalmen. Als we aan onze eigen gedachten en woorden overgeleverd zijn, wordt gebed oppervlakkig. De psalmen maakten hun tongen los en gaven hun de taal om het boek van het hart te lezen en om dieper binnen te gaan in het gesprek met God.[6]

We zitten allemaal zo vol met al dan niet onbewuste weerzin en achterdocht, strijdige verlangens en halfbakken overtuigingen, dat we voortdurend begeleiding van de vroege kerk nodig hebben, van onze oudere broers en zussen die ons kunnen leren om 'het boek van het hart te lezen'.[7]

Door de Psalmen jaar in jaar uit te bidden, eeuwenlang, in bijna iedere taal en plek op aarde, leert de kerk om ontvankelijk te blijven voor iedere onprettige en complexe menselijke emotie. We leren om te vieren en we leren om te rouwen. Johannes Calvijn noemde de Psalmen 'de anatomie van alle delen van de ziel'. Hij zegt dat er geen menselijke emotie is die 'iemand in zichzelf kan vinden waarvan het beeld niet zichtbaar wordt in deze spiegel. Alle leed, verdriet, vrees, twijfel, hoop, bekommering, bezorgdheid, kortom alle verontrustende gevoelens waarmee de gedachten van mensen gewoonlijk geplaagd worden, heeft de heilige Geest hier exact in beeld gebracht.'[8]

De Psalmen zijn dramatisch. En het leven – zelfs het gewone leven – is dramatisch, doordrenkt van betekenis, vol heerlijke schoonheid en diepe pijn.

De filosoof D.C. Schindler noemde het moderne leven een 'ontvluchten van de werkelijkheid' – de poging om het eigen ik, door technologie, gemak, en afleiding, te wapenen tegen de zorgen en dilemma's van onze levens.[9] We worden verleid door bijna elke cultuurstroming om ons leven zo vorm te geven dat er geen tijd is voor verdriet. Er is alleen het vage gezoem van consumptie, die onze pijn verdooft – maar, daarmee ook onze vreugde, verwondering en verlangen. De Psalmen roepen ons terug naar de dramatische diepten van de werkelijkheid.

Door de tijden heen heeft de praktijk van het bidden van de Psalmen ons leren huilen en lachen – en het leert ons waar we over moeten huilen en lachen. De theoloog J. Todd Billings schrijft dat Augustinus de Psalmen zag als 'Gods manier om onze verlangens en verwachtingen te hervormen zodat [we] leren om verdrietig te zijn over de juiste dingen en blij te zijn over de juiste dingen.'[10]

Onze emoties zijn goed; het zijn gaven van God die ons wijzen op de waarheid. Onze emoties kunnen ook eigenzinnig en egoïstisch zijn. Gebed nodigt ons uit om ons hele ik – in al zijn heerlijke complexiteit – bij God te brengen, die ons beter kent dan wij onszelf ooit zullen kennen.

In de geschiedenis zag de kerk de Psalmen als medicijn.[11] Ze genezen ons. Ze leren ons hoe we ten volle mens kunnen zijn en ten volle kunnen leven. Zoals een dokter die amoxicilline voorschrijft voor een bijholteontsteking, zo schreven de kerkvaders meditatie voor en een herhaling van specifieke psalmen voor verschillende geestelijke kwalen. Athanasius schreef dat 'wat je specifieke behoefte of nood ook is, je uit [de Psalmen] een vorm van woorden kunt kiezen waar die in past, zodat je ... leert hoe je je kwaal kunt genezen.'[12]

Klaagpsalmen – zowel de algemene als de persoonlijke – vormen het meest voorkomende type psalm in het Psalmboek. Ze verwoorden teleurstelling, woede, verdriet, pijn, diepe verwarring en verlies. Als onze gezamenlijke aanbidding slechts onvervalst vertrouwen, vrijmoedigheid, overwinning en vernieuwing uitdrukt, dan leren we minder eerlijk te zijn tegen God dan de Schrift zelf is. De Psalmen bieden, als het eerste gebedenboek, het gebedspatroon voor alle gebedenboeken sindsdien, en de gebeden erin zijn zo gevarieerd en multidimensionaal als onze menselijke ervaring.

Weeklagen is een uitdrukking van verdriet. Leren weeklagen is leren huilen. Maar het is meer dan dat. In de klaagpsalmen houdt de psalmist God aan zijn eigen beloften. Psalm 44, bijvoorbeeld, begint in volkomen verwarring, waarbij God eraan herinnerd wordt hoe hij voor zijn volk heeft gezorgd in het verleden en hem wordt gevraagd waarom hij niet langer lijkt te helpen:

> Word wakker, Heer, waarom slaapt u?
> Ontwaak! Verstoot ons niet voor eeuwig.
> Waarom verbergt u uw gelaat,
> waarom vergeet u onze ellende, onze nood?
> (Psalm 44:24-25)

Het is beter om tot God te komen met scherpe woorden dan om hem op afstand te houden, en nooit je twijfels en teleurstellingen te uiten. Het is beter om te razen tegen de schepper dan om te smeulen in beleefde vroomheid. God strafte de psalmist niet. Door de Psalmen heen daagt hij ons uit om hem vrijmoedig toe te spreken.

Maar, en dat maakt het nog lastiger, de meesten van ons leven niet alleen in een cultuur die zich heeft gewapend tegen weeklacht, maar ook in een cultuur waarin we maar al te gemakkelijk denken dat we het beter weten dan God. Wij hebben op subtiele wijze geleerd dat onze gevoelens en ervaringen het middelpunt vormen van de werkelijkheid. Dit gevoel wordt dagelijks op allerlei grote en kleine manieren versterkt. Een advertentie voor een spijkerbroek schalt uit mijn radio en roept: 'Ik verwoord mijn waarheid in mijn Calvins.' Deze aanhoudende boodschap verkleint ons tot louter uitdragers van onze eigen zelfexpressie en zelf samengestelde identiteit – wat wij denken, wat wij voelen, wat wij verlangen en wat wij kopen. We benaderen God slechts om Hem en zijn daden te beoordelen volgens onze eigen voorkeuren en waarheid met een kleine w. We wachten tot God ons ervan overtuigt dat Hij een bruikbare accessoire is voor ons eigen project van zelfverwezenlijking. Op deze manier benaderen we God op subtiele wijze als ontevreden klanten, in plaats van met een eerlijke klaagzang. God geeft ons niet wat we willen, Hij neemt de pijn van deze wereld niet weg, en eerlijk gezegd is Hij vreselijk traag. We zijn niet blij met Gods werkwijze, en de klant is altijd koning.

Deze strijdige culturele neigingen – om pijn te verbergen onder afleiding of valse vroomheid enerzijds en om van God te eisen dat we onze zin krijgen en hem te oordelen naar onze eigen maatstaven – leveren dilemma's op. Hoe zorgen we ervoor dat onze eerlijke twijfels en kwelling geen gierend ongeloof worden, een voor-wat-hoort-wat gevoel dat God ons iets verschuldigd is of een vorm van consumptief beoordelen van Gods prestaties, alsof we de schepper van het heelal een slechte beoordeling geven?

> Hoe zorgen we ervoor dat onze eerlijke twijfels en kwelling geen jammerend ongeloof worden, een voor-wat-hoort-wat gevoel dat God ons iets verschuldigd is of een vorm van consumptief beoordelen van Gods prestaties, alsof we de schepper van het heelal een slechte beoordeling geven?

De klaagpsalmen ventileren niet simpelweg onze grieven tegen een God die slecht presteert. Billings gaat verder: 'Door de Geest brengen we onze woede, angst, en verdriet voor God, om gezien te worden door God. En gezien worden door God leidt tot verandering.'[13] Weeklagen is niet alleen een daad van zelfexpressie of het bezweren van pijn: het vormt en heelt ons. De Psalmen drukken iedere menselijke emotie uit, maar, als we ze steeds opnieuw gebruiken, laten ze ons nooit gewoon zoals we zijn. Ze zijn een sterk medicijn. Ze veranderen ons. De verandering die ze bewerkstelligen is geen verandering van verdriet in blijdschap; ze maken klagende mensen niet jaloersmakend energiek en optimistisch. Ze zeggen nooit: 'Kop op' of 'Zo slecht is het niet'. Ze vertellen ons ook niet waarom we lijden.[14] Ze richten onze blik juist op Gods liefde voor ons en leren ons om onze eigen pijn en verlangens een plaats te geven in het eeuwige goddelijke drama.[15] Ze vormen ons tot een volk dat volkomen eerlijk ruimte geeft aan de diepten van ons verdriet terwijl we ons vastklemmen aan de beloften van God.

De vroege kerk zag het bidden van de Psalmen als bidden met Christus zelf. Dit kwam deels doordat Jezus de Psalmen bad.[16] En vaak. Hij herhaalde ze meer dan welk ander deel van de Hebreeuwse Schrift ook. Toen Hij stierf lagen de woorden van Psalm 22 op zijn lippen. Deze woorden vol duistere pijn waren de zijne.

Als we kijken naar het leven van Jezus, dan zien we een man die vol is van zowel huilen als lachen, verdriet als vreugde. Hij dronk beide bekers tot op de bodem leeg. Hij deed geen water bij de wijn.

Jezus huilde als iemand die hoop had, maar zijn hoop verminderde het huilen niet. Toen zijn vriend Lazarus stierf, wist Jezus dat Hij hem op zou wekken, maar toch maakte Hij tijd voor verdriet. Hij huilde.

Jezus neemt het kwaad ook serieus. Bij het graf van zijn vriend rouwde hij niet alleen om het feit dat Lazarus niet meer ademde. Hij tuurde in de diepe duisternis van wat theoloog Thomas Long de 'Dood met een hoofdletter D' heeft genoemd.[17] Op dat moment zag Jezus niet alleen het fysieke einde van het leven van een vriend, maar de totale werkelijkheid van menselijk lijden, de lange nacht die wij allemaal moeten verduren in deze verloren en gebroken wereld. En Hij haatte die. Hij haatte de Dood – de kracht van zonde en duisternis in de wereld, de kracht van ieder groot en klein verraad, de kracht van misbruik, apathie, haat, geweld, genocide, en onrechtvaardigheid.

Hoewel Jezus zijn vriend opwekte uit de dood, was dat niet genoeg om de macht van de Dood met een hoofdletter D te beteugelen. Lazarus zou nog steeds sterven. Lazarus zou nog steeds leven in een vijandige wereld van verdriet, kwetsbaarheid en teleurstelling. Jezus keek in die diepe duisternis en was woedend. Hij keek de Dood in de ogen en was 'heftig bewogen' (Johannes 11:38 HSV). Hij huilde vanuit het diepst van zijn wezen. De Schrift gebruikt hier een vreemde Griekse frase die het heel oneerbiedwaardige en ruwe beeld oproept van een paard dat snuift. Jezus' verdriet kwam er als iets krachtigs en ruws, haast dierlijks uit.[18]

Jezus huilde opnieuw toen Hij de stad Jeruzalem overzag. Door zijn tranen heen zei Hij: 'Hoe vaak heb Ik je kinderen niet bijeen willen brengen zoals een hen haar kuikens verzamelt onder haar vleugels, maar jullie hebben het niet gewild' (Matteüs 23:37). Hier huilt Hij niet vanwege woede over de dood, maar vanwege verdriet over onbeantwoorde liefde. Het is een diep moederlijk beeld: Jezus verlangt ernaar om kinderen bijeen te verzamelen, ze te omarmen in de veiligheid en intimiteit van zijn omhelzing. Maar ze weigeren. Druk en afgeleid wendt de bruisende stad zich af. Iedere moeder die heeft moeten toekijken hoe haar kind zichzelf te gronde richt, hoe haar geliefde verwoesting, misbruik of verslaving tegemoet wandelt, hoe de ene voor wie ze zong verdwijnt in iemand die ze niet langer herkent, weet iets van hoe Jezus huilde over Jeruzalem.

God zelf nam tijd voor verdriet. Hij kent het gewicht van hartzeer en gruwel, weet van de pijn van gezwollen ogen die zo lang hebben gehuild dat ze geen tranen meer hebben. Hij verdoofde zichzelf niet of bagatelliseerde het verlies. Hij gaf nooit een goedkoop antwoord. God was – en blijft – schokkend emotioneel bezield.

Het einde van de Bijbel gaat over het einde van de tijden, en Johannes beschrijft een adembenemend moment waarop God alle tranen van de ogen van zijn volk zal afwissen (Openbaring 21:4). Als we eindelijk oog in oog met God zullen staan, zullen we heel gemaakt worden, en dan zal er geen dood of huilen of pijn meer zijn. Alle dingen zullen rechtgezet worden. Maar – wacht even – niet voor we een laatste lange kreet geslaakt hebben.

Verlossing zelf springt niet over de duisternis heen, maar eist dat iedere laatste traan vloeit.

Christenen geloven dat er niet alleen een plek van eeuwige vreugde is, maar dat die echter is dan de verzwakte plek van verdriet en pijn die we nu kennen. Het beeld van God die onze tranen wegveegt zou natuurlijk een metafoor kunnen zijn – een manier om te zeggen dat alles ten slotte goed komt. Maar stel dat het geen strikt poëtische taal is? Stel dat we, als we voor onze Maker staan, een laatste kans krijgen om alle verliezen die het leven ons heeft gebracht voor het voetlicht te brengen? Stel dat we op een dag voor God kunnen staan en onze levensverhalen horen, voor het eerst op de juiste wijze en volledig verteld, met alle omwegen en bochten en betekenissen die we niet konden volgen toen we ze doormaakten? Stel dat het verhaal alle duisternis van het lijden, alle wonden die we hebben opgelopen of anderen hebben toegebracht, alle gruwel van de Dood met een hoofdletter D zou bevatten, en we mogen een laatste keer met God zelf huilen? Stel dat we voor we beginnen te leven in een wereld waarin alles nieuw is gemaakt, huilen met degene die alleen in staat is om voor altijd onze tranen af te wissen?

4

Wie waken

Aandacht

De donkerste nacht die ik ooit heb meegemaakt, was tijdens een zomer in een verafgelegen dorpje in West-Oeganda. Het dorpje waar ik verbleef had geen elektriciteit, en dus werd iedere avond verlicht door kleine kampvuurtjes. Mensen verzamelden zich daaromheen, praatten en lachten; hun gezichten schitterden in het vrolijke licht.

Maar op een avond was het onverklaarbaar stil. Samen met een paar collega's verliet ik het huis van een bevriende zendeling om zo'n vierhonderd meter te lopen naar de school waar we werkten. Die korte wandeling voelde als een eeuwigheid. Aan de inktzwarte avondhemel stonden geen maan of sterren. Ik bewoog mijn hand een centimeter voor mijn neus en kon hem niet zien.

We staken een lantaarn aan en met z'n vieren dromden we eromheen – het enige licht in kilometers omtrek. Het verlichtte zo'n drie stappen over het grindpad voor ons, en dan was er een eeuwigheid lang niets. Het voelde alsof we van het randje van de aarde af konden stappen. Alles was stil, behalve het onheilspellende gekraak van de zachtjes schommelende, verroeste lantaarn en het geschreeuw van brulkikkers in de nacht. Ik was bang – bang voor het donker, bang voor wat voor het licht van de lantaarn lag, bang voor alle dingen in de hemel en op de aarde die ik niet kon zien.

In het diepe duister was ieder zintuig gespannen. Zo waakzaam als ik kon luisterde ik naar ieder geluid. Ik merkte iedere trilling op van het licht in de lantaarn, iedere brul van een kikker, ieder geschuifel van mijn eigen zachte voetstappen. Het was of de veiligheid achter gesloten deuren, of God-weet-wat ons in de duisternis te wachten stond.

De volgende morgen hoorden we dat de guerrillastrijd aan de andere kant van de grens met Congo, de grens was overgestoken met een dodelijke aanval, niet ver bij ons vandaan. De gebruikelijke avondvuurtjes waren gedoofd en iedereen had zich verscholen in zijn huis – behalve wij.

Ik zal die nacht niet snel vergeten, net als de gedwongen concentratie, de alles in beslag nemende aandacht, die het waken in diepe duisternis met zich mee kan brengen.

We brengen heel ons leven door zoals die korte wandeling. We zien niet veel meer dan een paar stappen voor ons. We weten niet wat het volgende uur, laat staan de volgende dag, zal brengen. Ik voelde me kwetsbaar op die donkere weg, niet omdat ik in groter gevaar was dan gewoonlijk (ik wist op dat moment niets van het geweld dat vlakbij plaatsvond, en er kwam niemand dicht bij ons), maar omdat ik in het donker bijna alleen was, zonder de dingen waar ik op ben gaan vertrouwen voor veiligheid en controle.

In de meedogenloze kwetsbaarheid van ons leven wenen we niet alleen – we waken ook.

C.S. Lewis zei: 'Niemand heeft mij ooit verteld, dat verdriet hetzelfde gevoel geeft als angst.'[1] Net als Lewis weet ik dat mijn verdriet vaak verandert in angst. De verliezen die ik heb doorgemaakt maken me bang voor wat er nog komen gaat. Ik begin dan te denken: 'Niet nog iets, Heer. Neem niet nog meer van me af.' Maar die onderhandeling kunnen we natuurlijk niet voeren met God. Onze kennis kan grote hoogten bereiken, maar we weten nog steeds niet wat er de volgende morgen gebeuren zal.

Als een nachtwaker weten we niet wat er eerder zal komen, de dief of de dageraad. We stemmen in met de psalmist wiens ziel wacht op God 'meer dan wachters uitzien naar de morgen' (Psalm 130:6). Maar we zijn bang, omdat we geen idee hebben wanneer de morgen zal komen, of wat er ondertussen met ons zal gebeuren.

We kunnen slechts door het leven wandelen zoals ik dat grindpad liep, stap voor stap, dicht tegen onze vrienden aan, ons vastklemmend aan de cirkel van licht die ons gegeven is, terwijl we aan God toevertrouwen wat buiten ons zicht ligt.

Waken is voor christenen een oefening – een taak zelfs. We staan op de uitkijk, wachten op genade.

We verkondigen dat zelfs in het diepste duister er één is die we kunnen vertrouwen, die ons niet zal verlaten. We geloven dat zelfs als het ergste zal gebeuren er een blijvende kracht van schoonheid, van God zelf is.

Onze wachtende houding ontkent de verschrikkingen van de nacht niet, maar rekent op de morgen die komt.

Angst zorgt er ook voor dat we op de uitkijk blijven staan, maar in plaats van het ochtendgloren zien we in gedachten slechts onheil. We gaan ervan uit dat er niet voldoende genade zal zijn voor wat ons te wachten staat. Angst vertelt ons dat er op deze donkere weg niemand bij ons is die we kunnen vertrouwen.

In dit gebed uit de completen bidden we voor wie waken.

Zeker, ik neem dit letterlijk – we bidden voor wie 's nachts werken: veiligheidsbeambten, politie, brandweer, degenen die de militaire radar in de gaten houdt.

Maar als ik dit gebed bid, bid ik ook voor diegenen die wachten en waken, niet wetend wat er komt. In die zin behoren we allemaal tot de categorie 'wie waken'. Als je ooit 's nachts wakker bent geweest, en ingespannen hebt geluisterd naar het geluid waarvan je niet zeker was of je het wel hoorde, of naar de angst in je eigen gemoed, dan weet je wat het betekent om te waken.

Waken is wachten. Maar wachten betekent meer dan gewoon wachten. Het is niet het vervelde ongemak van in de rij staan bij de supermarkt. Het vereist aandacht, hunkering en hoop. Het is de geliefde, met een bos bloemen in zijn hand, die zoekt naar dat ene gezicht op een druk vliegveld, de moeder die in verwachting is en gespitst op de eerste tekenen van de weeën, of de vriend die buiten de operatiekamer heen en weer loopt.

De natuurlijke houding van de gelovige is licht naar voren gebogen, in afwachting. We wachten tot God handelt, de dingen rechtzet, zich laat zien en aan de slag gaat, of het nu gaat om iets verrassends en wonderbaarlijks of een rustige wisseling van de getijden.

We wachten tot God genezing geeft aan de zieken, vrede in onze strijd, bemoediging bij teleurstelling, helderheid in onze verwarring. Soms doet Hij dat ook. En soms sterven de zieken, verhevigt de strijd zich, verdiept de teleurstelling, neemt de verwarring toe. En toch blijven we waken en wachten, wetend dat het moment dat we kunnen zien – deze kleine lichtkring van de lantaarn – niet de hele weg is, niet het hele verhaal.

Zo'n tien jaar geleden bevond mijn huwelijk zich in zwaar weer. Jonathan en ik voelden ons allebei vreselijk, eenzaam en moe van jaren vechten. We hadden heel jonge kinderen en een lange lijst grieven over en weer. Na maanden therapie deden we dus het enige wat we nog konden bedenken: we vroegen vrienden om te bidden, we lieten onze kinderen achter bij Jonathans moeder en reden naar Chattanooga, Tennessee. Overdag gingen we klimmen en 's avonds genoten we van heerlijk eten. We ruzieden veel, en huilden, en praatten en schreeuwden, en praatten dingen uit, om vervolgens weer verder te klimmen, en te schreeuwen, te praten en nog meer te huilen. In een cadeauwinkel in Chattanooga vonden we een magneet die nu op onze koelkast hangt. Er staat op: 'Alles komt uiteindelijk goed. Als het niet goed is, dan is het niet het einde.'

We kochten hem als een statement over ons huwelijk – we komen er wel uit, we zullen luisteren, vergeven, en leren om lief te hebben, of we zullen het blijven proberen tot we sterven.[2] Onze omstandigheden maakten ons op dat moment allesbehalve optimistisch, maar de belofte van deze magneet (hoe onbedoeld ook) is er niet alleen voor dit leven – zij is eschatologisch. Zij drukt onze hoop uit dat hoewel we 'het zwaar te verduren krijgen in de wereld', Jezus 'de wereld overwonnen' heeft (Johannes 16:33); Of, zoals Juliana van Norwich zei: 'Alles, maar dan ook alles, wat het ook mag zijn, zal goed komen.'[3]

Maar dat betekent niet dat alles nu al goed is, of dat we moeten doen alsof dat zo is. Het betekent simpelweg dat dit niet het einde is.

Ik richt me vaak op de beloften van het geestelijk leven voor deze wereld: gemeenschap, zoeken naar rechtvaardigheid, geestelijke vorming. Maar als dat alles is wat het christendom te bieden heeft, dan is het op z'n best tijdverspilling, en op z'n slechtst onderdrukkend en kwaadaardig. Het bewandelen van Christus' weg kan het leven immers zwaarder maken, op de korte termijn in ieder geval. Het christelijke verhaal verkondigt dat onze diepste hoop niet ligt in dít leven, door het leven voor ons te laten werken aan deze zijde van het graf. We waken en wachten op 'de opstanding van de doden en het leven in de wereld die komt'. Gods belofte om alle dingen nieuw te maken zal pas vervuld worden als God in de tijd inbreekt, en de eeuwigheid met zich meebrengt.

Christenen geloven dat deze kosmische herordening al is begonnen bij de opstanding van Christus. Jezus' opstanding is het enige bewijs dat de liefde triomfeert over de dood, dat schoonheid een langer leven beschoren is dan verschrikking, dat de zachtmoedigen de aarde zullen beërven, dat de treurenden getroost zullen worden. Ik kan blijven waken en wachten,

> *Ik kan blijven waken en wachten, zelfs als de wereld gehuld is in duisternis, omdat de dingen waar ik naar verlang niet geworteld zijn in wensdenken of religieuze rituelen, maar zo stevig zijn als de steen die weggerold werd.*

zelfs als de wereld gehuld is in duisternis, omdat de dingen waar ik naar verlang niet geworteld zijn in wensdenken of religieuze rituelen, maar zo stevig zijn als de steen die weggerold werd.

Als onze levens gehuld zijn in privileges en gemak, mijmeren sommigen van ons wellicht over de emotionele voordelen van spiritualiteit of gebed – ongeacht of wat iemand gelooft strikt genomen waar is. Maar in ons lijden wordt duidelijk dat als er geen opstanding is, wij volgelingen van Christus veel pijn verspillen. Pas als we te maken krijgen met tegenslag, krijgen Paulus' woorden echt betekenis: 'Als wij alleen voor dit leven op Christus hopen, zijn wij de beklagenswaardigste mensen die er zijn' (1 Korintiërs 15:19). Het is alles of niets.

Dankzij Jezus' opstanding kunnen we zeggen dat 'alles uiteindelijk goed zal komen'. We verdragen het mysterie van de theodicee door met ingehouden adem te wachten op de dingen die God beloofd heeft: het koninkrijk dat komt, vredestichters die Gods kinderen genoemd worden, zuiveren van hart die God zullen zien, en God zelf die ons zal troosten in ons verdriet.

Mijn eigen superhelden van aandacht zijn vogelaars.

De hartstocht waarmee echte vogelaars speuren naar de goudgekeelde nachtegaal of de trompetkraanvogel is inspirerend en niet zo'n beetje excentriek. In de *New Yorker* beschrijft Jonathan Rosen vogelaars als 'geniale karikaturen van normale mensen'. Hij vervolgt: 'Zelf ben ik ook een vogelaar en ik herken de symptomen: ik heb vele kilometers afgelegd om vogels te zien; ik heb hele lijsten met namen van vogels opgesteld en me vreemd getroost gevoeld, alsof ze mij beschermden tegen vergetelheid; Ik heb geluisterd ... naar de roep van vogels op mijn iPod.'[4]

De vogelaars onder mijn vrienden zijn meesters in opmerkzaamheid. Ze bestuderen en catalogiseren de natuurwereld met een zorg en ernst die ik nauwelijks heb voor wat dan ook. Ze zien de bewoners van verre bomen beter dan ik zie wat ik aanheb of wie er naast me zit in de bus. Ze staan altijd op de uitkijk, en deze verrassende alertheid openbaart mijn onoplettendheid, hoe weinig ik let op wat ook maar, hoe vaak ik wandel door een wereld vol schoonheid en genade en nooit omhoogkijk.

De onbekende wereld van de vogelaars bevat een vergeten, alledaagse poëzie. Net als alle grote dichters spreken vogelaars vanuit hun scherpe observatie van de wereld. Ze herinneren ons eraan dat glorieuze dingen alleen komen door te kijken en te wachten, door het oog gericht te houden op wat de meesten van ons over het hoofd zien. Vogelaarwebsites en -tijdschriften zijn een welkome verademing voor iedere uitgebluste stadsbewoner. Het is als een teug frisse lucht. Uit een vogelaarsverslag: 'De eerste soort die dit jaar begon te zingen, was een kuifmees die zong in onze boomgaard op een zonnige zondagmiddag eind januari. Zijn lied was mijn eerste hoorbare herinnering aan het feit dat de winter uiteindelijk zal verdwijnen.'[5]

Als we iets hebben om op te hopen, dan is onze hoop eschatologisch – dat God uiteindelijk deze sombere, oude wereld nieuw zal maken.

Jezus is onze eerste hoorbare herinnering aan het feit dat de winter voorbij zal gaan. Zijn opstanding is een echte en vleselijke belofte.

Maar toen Jezus ten hemel voer, liet Hij ons niet slechts achter met een teken om hem te gedenken tot Hij zou terugkeren. Hij beloofde om aan het werk te blijven. Hij zond zijn heilige Geest naar zijn volk. De belofte van de opstanding is ook dat Jezus vandaag de dag nog steeds aan het werk is, in ons leven. In de tegenwoordige tijd. En dus wachten we en verwachten het komende koninkrijk, als God alles recht zal zetten, maar we wachten en verwachten ook tekenen van dat koninkrijk hier en nu.

Gebed leert ons deze kunst van het uitkijken – niet alleen naar de laatste dingen maar naar Gods werk in ons dagelijks leven. Rowan Williams schrijft: 'De ervaren vogelaar zit stil, rustig, alert, niet gespannen of zenuwachtig, wetend dat op zo'n plek opeens iets buitengewoons zichtbaar kan worden.' Hij vergelijkt dit met het gebed: je zit stil, wachtend op glorie, op genade, op Gods aanwezigheid. Hij schrijft: 'Soms betekent het natuurlijk dat je een lange dag zit te wachten in de regen, terwijl er weinig gebeurt. Ik vermoed dat, voor de meesten van ons, een groot deel van onze ervaring met het gebed exact zo is... En ik denk dat leven in zo'n verwachting – leven in oplettendheid, je ogen voldoende open en je geest ontspannen, maar tegelijk aandachtig genoeg om iets te zien als het gebeurt – de basis vormt van discipelschap.'[6]

Christelijk discipelschap is een levenslange training hoe je aandacht kunt schenken aan de juiste dingen, Gods werk kunt zien in ons leven en in de wereld. Door veel oefenen wenden we onze blik af van de afleidingen en angsten om te letten op dat waar God op let. We leren om te kijken. Stilte, rust, en oplettendheid zijn schaars in onze in toenemende mate luidruchtige, digitale en jachtige wereld. In zijn boek *Het ondiepe* laat Nicholas Carr zien hoe ons brein fysiek verandert door ons gebruik van technologie, zodat we beter in staat zijn om kleine, fragmentarische brokjes informatie tot ons te nemen maar minder goed in staat om onafgebroken aandacht te geven aan één persoon, onderwerp of ervaring.[7] Oplettendheid dreigt uit te sterven.

Het is de taak van de kerk om ons te leren onze ogen open te houden voor hoe God aan het werk is. We komen iedere week bijeen, om uit te zien naar de komende koning. En met de ernst van een vogelvereniging zoeken we naar de stille, vergeten glorie in ons midden, naar Gods verwarrende maar helende aanwezigheid in de wereld. We kijken uit naar een glimp van verlossing die komt, zelfs nu al. Door gebed, door gezamenlijke eredienst, door Schriftlezing en sacramenten trainen we onze ogen om het licht in de duisternis op te merken.

Toen Jezus zelf onder een donkere hemel zat, sprak Hij dezelfde smeekbede uit de completen bijna woord voor woord uit. Hij vroeg zijn vrienden om met hem te waken – om 'te waken bij wie waken'.

Op de avond voor hij stierf proefde Jezus de bitterheid van zijn volkomen kwetsbaarheid: 'Ik voel Me dodelijk bedroefd' (Matteüs 26:38). Daarom vroeg hij Petrus, Jakobus en Johannes om met Hem te waken. Jezus was de man die wachtte op het oordeel, de vrouw die wachtte op de resultaten van de biopsie, de moeder die wachtte tot de chirurg terug zou komen met nieuws. Jezus wachtte tot zijn 'tijd' aan zou breken: Hij wachtte op zijn eigen dood. En met alle kwetsbaarheid van ieder ander kwetsbaar mens, met dikke ogen en een vermoeide ziel vroeg Hij zijn vrienden om bij hem te blijven.

Maar zijn vrienden waakten niet. Ze vielen in slaap.

En dus smeekte Jezus opnieuw, en deze keer met een geestelijke, haast kosmische urgentie: 'Blijf wakker en bid dat jullie niet in beproeving komen' (Matteüs 26:41). Nu vroeg Hij zijn vrienden niet alleen om wakker te worden, maar ook om te bidden, om *geestelijk* alert te zijn, aandacht te schenken aan de echte werkelijkheid. Hij drong erop aan om opmerkzaam te zijn op hoe Gods verhaal zich ontvouwde in hun midden.

En opnieuw vielen zijn vrienden in slaap.

Dit gebed dat ik iedere avond bid – dat God waakt bij wie waken – bad God zelf voor de mensheid, en wij waakten niet bij Hem. Maar God beantwoordde onze zwakheid met genade. Hij liet zijn vrienden rusten, en toen het uur gekomen was, maakte Hij hen wakker.

Jezus werd alleen gelaten, om te bidden, met tranen en bloed, de hele lange nacht. Daarom kunnen wij God vragen om te waken met ons in de volle verzekering dat Hij dat zal doen. Hij valt niet in slaap.

Oliver O'Donovan wijst erop dat hoewel de psalmdichters en de oudtestamentische profeten God regelmatig vroegen om wakker te worden, deze oproep nooit klinkt in het Nieuwe Testament. God heeft al beslissend gehandeld door de vleeswording, en we vragen God nu niet langer om te handelen. Jezus maakte het duidelijk: God is met ons, Hij kent onze zwakheid en kwetsbaarheid even goed als de huid van zijn eigen handen.

De nieuwtestamentische oproep is, in plaats daarvan, dat *wij* wakker blijven voor God, dat we alert zijn op Gods werk in de wereld. O'Donovan schrijft: 'God is al wakker geworden, heeft al gehandeld. Alles wat nu overblijft is dat [de gelovigen] wakker worden. ... Gericht aan gelovigen benadrukt [het Nieuwe Testament] de noodzaak van blijvende alertheid: "Wees waakzaam! ... Wees moedig en sterk!" (1 Korintiërs 16:13), vooral toegepast op de volharding in gebed.'[8]

Net als Jakobus, Johannes en Petrus worden we opgeroepen om te waken en te bidden. Zelfs, en misschien wel vooral, in tijden van duisternis. Ik heb geleerd dat ik in het donker meer gericht moet zoeken naar de Helper, naar de manier waarop God ons actief opmerkt en liefheeft.

Het gebed heeft me geleerd dat te doen. Zoals onze pupillen zich verwijden om meer licht binnen te laten, om meer te zien dan we eerst dachten dat we konden zien, zo stelt het gebed onze ogen scherp om God te zien in het donker.

> *Zoals onze pupillen zich verwijden om meer licht binnen te laten, om meer te zien dan we eerst dachten dat we konden zien, zo stelt het gebed onze ogen scherp om God te zien in het donker.*

In 2017, na een lange periode van mijding en afleiding, begon ik langzaam bewust ruimte te maken voor wenen en waken. Toen ik dat deed, begon ik intens te hunkeren naar schoonheid en verwondering.

Het oude gezegde is waar: honger is de beste kok. Terwijl ik het mysterie van verlies doorstond, was ieder beeld van schoonheid, moreel of fysiek, als manna. Tijdens een wandeling zag ik op een dag de specifieke kleur geel in een zonnebloem en bleef staan, betoverd – wat trouwens helemaal niets voor mij is. De God die op de een of andere manier de pestepidemie toestond, liet ook zonnebloemen bloeien in een schakering geel die van louter verhevenheid getuigt.

Een week na mijn tweede miskraam zat ik stilletjes te huilen, de tranen stroomden over mijn gezicht, terwijl ik naar de oceaan keek en de tel kwijtraakte van de schakeringen groen en blauw die ik zag. Schoonheid zelf was een moeder voor mij, die me troostte met haar woordeloze omhelzing. En dit is wat me trof op dat moment en waardoor mijn tranen stroomden: er was geen plek waar ze niet kwam. Er is geen plek op aarde – geen verdriet te diep – waar niet op de een of andere manier een groen sprietje heerlijkheid door het beton heen breekt.

Schoonheid neemt de pijn van het lijden of de kwetsbaarheid niet weg. Het is niet zo dat het lied van de krekels of goede koffie de pijn van het verlies van een echtgenoot of vriendschap verzachten, of zelfs maar van een zware dag. Maar op momenten dat we denken dat de wereld helemaal bestaat uit smart en duisternis, dat er niets lieflijk is of blijvend, is schoonheid een herinnering dat er meer te zeggen valt over ons dan zonde, pijn en dood. Er is eeuwige schittering. Het is misschien niet genoeg om onze vragen op te lossen of er een mooi metafysisch strikje om te binden, maar soms is het genoeg om ons het volgende uur door te slepen. Bij het doorstaan van een mysterie hebben we net genoeg licht nodig om een volgende stap te zetten.

In de maanden na mijn twee miskramen zegende en doopte ik nog steeds baby's. Als priester hoort dat nu eenmaal bij mijn baan. Sommige gemeenteleden verontschuldigden zich tegenover mij voor dit deel van mijn werk. Ze waren bang dat het zout in mijn wond zou zijn om Gods beloften aan de kinderen van anderen te vieren, terwijl ik rouwde vanwege het verlies van mijn eigen kinderen. Ik waardeerde hun zorgzaamheid, maar voor mij werkte het juist tegenovergesteld. Ik genoot van iedere aanwijzing dat God nog aan het werk was, goedheid gaf aan de wereld, kinderen tot zich trok, een lach geboren deed worden. Ik had het nodig om te zien dat God nog steeds aanwezig was en actief, dat de kerk nog steeds getuigde van een standvastige, blijvende liefde.

In die maanden vroegen mijn dochters me vaak om uit te leggen waarom er miskramen zijn, en ik vertelde hun dan wat mijn favoriete dokter me zei: 'Er moeten tienduizend dingen goed gaan, wil een kindje geboren worden.' 'Maar dat betekent ook,' zo voegde ik eraan toe, 'dat er tienduizend dingen – en nog veel meer – net goed zijn gegaan, zodat jullie vandaag leven.' Dit was een wonder dat tot mijn verbeelding sprak. Als ik in een menigte op straat of in de kerk op zondag keek naar ieder gezicht, dacht ik aan de duizenden dingen die net goed waren gegaan, zodat wij leven in de wereld, samen op een gewone dag. De alledaagse glorie van heel ons leven is een geschenk. Ik dronk het wonder in, gespitst op ieder teken van leven, ieder vleugje troost.

Dit wonder verzachtte de pijn op geen enkele manier. Maar het bracht dankbaarheid voort, die net zo echt is als verdriet.

Schoonheid en verwondering waren niet alleen troostend. Ze boden ook een hoge dosering realiteit. De vasthoudendheid van glorie en goedheid, zelfs in deze wereld die overschaduwd wordt door tranen, traint mijn ogen om aandachtig te kijken, om alert te blijven, niet alleen op het donker van ons verhaal, maar ook op het licht.

Simone Weil schreef dat 'volledige, onverdeelde aandacht gebed is'.[9] Het ontvangen van de gebeden van de kerk oefent ons in onverdeelde aandacht. We leren om mensen te zijn die acht slaan op de dingen, die uitzien naar Gods genade die zich laat zien in ons alledaagse leven. Christenen zijn, net als ieder ander, druk en afgeleid. We merken de dingen vaak niet op. Het dagelijks gebed laat me niet zweven van geestelijke gelukzaligheid naar geestelijke gelukzaligheid. Maar een regelmatige gebedsoefening corrigeert langzaam maar zeker ons zicht. We leren om te zien wat zich om ons heen iedere minuut bevindt – genade, schoonheid, mysterie, en een God die nooit ophoudt om met ons te wachten en te waken.

5

Wie werken

Herstel

Wij zijn stof en tot stof zullen we weerkeren. Maar eerst werken we.

We laten onze kleine voetafdruk achter op de wereld. Het meeste daarvan zal snel worden uitgewist, zo zeker als de stoepkrijttekeningen van mijn dochter op de stoep bij een flinke regenbui. Maar ons werk doet ertoe, zoals die getekende vlinders en regenbogen ertoe doen voor mij en mijn dochters. Ons werk – betaald of niet, saai of spannend, geschoold of gewoon – maakt een verschil.

Als we het goed doen, voegt het waarheid, schoonheid en goedheid toe aan de wereld. Het dringt de duisternis terug.

De meeste gebeden uit de completen ontstonden voordat er vierentwintig uur lang elektriciteit en verbondenheid was. Toen de wereld nog verlicht werd door houtvuur, en het grootste deel van het nachtelijk werk crisiswerk was – noodsituaties, zware ziekte, verdediging tegen indringers of legers. Maar dat was niet al het werk dat 's nachts werd gedaan. Van tijd tot tijd stonden armen en arbeiders midden in de nacht op om de vuren weer aan te steken of om andere huishoudelijke taken te verrichten. Geleerde mensen studeerden bij kaarslicht. Vroedvrouwen brachten nieuw leven op de wereld. Moeders werden wakker om hun kinderen te voeden of te kalmeren. En monniken stonden op om hun gebedswerk te doen.[1]

Ons werk weeft ons samen als menselijk ras, van elkaar afhankelijk en met elkaar verbonden. Wij allemaal zijn afhankelijk van het werk van anderen. We rekenen op diegenen die vaak naamloos en onzichtbaar voor ons blijven. Een anglicaans nachtgebed verwoordt het zo: 'Waak over wie, nacht en dag, werken terwijl anderen slapen, en geef dat wij nooit vergeten dat we in ons gezamenlijke leven afhankelijk zijn van elkaars inspanningen; door Jezus Christus onze Heer.'

Ons leven samen hangt af van elkaars inspanningen. We hebben elkaar nodig. Het is belangrijk dat anderen hun werk goed doen.

Eén aspect van kwetsbaarheid is dat wij alleen niet voldoende zijn. We zouden het geen dag alleen volhouden. We zijn gemaakt om te vertrouwen op anderen, en onze alledaagse behoeftigheid verzekert ons ervan dat we dat wel moeten, of we het nu willen of niet. Niemand van ons zal ooit volledig onafhankelijk zijn. Je krijgt het op eigen kracht niet klaargespeeld.

Zelfs voor het eerste kleine akkoord klonk in het lied van de mensheid, toen de dingen waren zoals ze zouden moeten zijn en we geen lijden of pijn kenden, waren we toch niet onafhankelijk. Het was niet goed voor de mens om alleen te zijn. In ons meest volmaakte mens-zijn waren we van elkaar afhankelijk en behoeftig. We vertrouwden op God en op andere mensen. En we werkten. We werkten zelfs samen – ons dagelijks leven hing af van ieders inspanning.

Er zijn veel schilderijen van Adam en Eva in een tuin, gelukzalig en naakt, maar slechts weinigen portretteren hen op de een of andere wijze aan het werk.[2] Het is alsof we ons werk niet voor kunnen stellen zonder geestdodendheid, alsof het paradijs per definitie vergaderingen en huishoudelijke klusjes (toegegeven, Adam en Eva konden de was overslaan) uitsluit. Maar zelfs in hun volmaaktheid werkten Adam en Eva toch.

We zijn gemaakt om een gemeenschappelijk leven van werk en creativiteit te delen. En als alle dingen vernieuwd worden, zullen we niet opeens supermannen en -vrouwen worden die autonoom zijn en zelfvoorzienend. We zullen altijd behoeftig blijven. We zullen altijd God en elkaar nodig hebben. Ons einddoel is gemeenschap, niet onafhankelijkheid. Het is een feest, een leven samen.

Nu al werken we toe naar dit visioen van verlossing. We wenen en waken, maar daar blijft het niet bij. Als het gaat om de vernieuwing van de wereld, nemen we geen passieve houding aan. Onze gedeelde menselijke kwetsbaarheid roept ons tot daadkracht – tot werk. Ons antwoord op de menselijke kwetsbaarheid is altijd mede een zoeken naar verlichting daarvan, naar het werken aan een wereld die, beetje bij beetje, vrediger, veiliger, mooier, rechtvaardiger en eerlijker wordt.

> *Als het gaat om de vernieuwing van de wereld, nemen we geen passieve houding aan. Onze gedeelde menselijke kwetsbaarheid roept ons tot daadkracht – tot werk.*

Door onze roeping proberen we anderen op belichaamde, praktische wijze lief te hebben. We doen dit door ons werk – de oproep om lijden te verlichten roept vele van onze roepingen in het leven, van ouderschap tot brandweerwerk en yogalessen, van politiek tot gezondheidszorg en sociaal werk. En we doen dit ook als kerk. Tweeduizend jaar lang hebben christenen ziekenhuizen opgericht, weeshuizen, huizen voor gehandicapten en armen, scholen en universiteiten.[3] Bovendien zorgen we voor gewonde mensen in ons dagelijks leven. We zorgen voor elkaar op duizenden onopvallende, ongeziene manieren. In 2017 kwamen kerkleden bij ons thuis langs met maaltijden, knutselmateriaal voor onze kinderen en op een keer een grote fles whisky. Ze zetten hun schouders onder onze last.

Goed werk in het donker – geconfronteerd met onze kwetsbaarheid en zwakheid – wordt niet alleen gedaan vanuit ons verlangen om de pijn te verlichten. Het verrijst ook uit ons verlangen om die te vernietigen, om schoonheid te scheppen uit as.

De week waarin ik ontdekte dat mijn tweede zoon gestorven was in de baarmoeder, kwam mijn goede vriendin Katy me bezoeken vanuit Nashville, om me te troosten en goede gesprekken te voeren te midden van het verlies. Maar ze moest afzeggen omdat ze er diezelfde week achter kwam dat ze een agressieve vorm van kanker had. Ik huilde toen ik mijn man dit nieuws vertelde; hij huilde toen hij onze dochters vroeg om te bidden voor Katy.

Na haar diagnose begon Katy meteen aan een maandenlange chemotherapie. Terwijl het levensreddende gif door haar lichaam stroomde, schreef ze gedichten.[4] Katy is dichter en de dreiging van de dood weerhield haar er niet van om schoonheid te scheppen. Alle chaos en chemo's ten spijt.

Haar werk was iets lichtends en blijvends vormen uit de pijn. Op die manier gaf ze het duister niet het laatste woord. We werken om rechtvaardigheid te brengen op de wereld, om te helpen in een crisis, maar we werken ook omwille van schoonheid, lachen en luchthartigheid, louter plezier. We schilderen, quilten, koken, acteren en entertainen. Al deze vormen van werk maken deel uit van Gods genezing van een gehavende wereld.

Als we bidden voor wie werken, houden we de spanning vast van twee werkelijkheden; ons eigen werk maakt deel uit van Gods werk van licht brengen in het duister, maar al het menselijk werk gaat intussen door, te midden van duisternis die heel aanwezig is.

We bidden voor wie werken, en we weten dat het werk zelf vaak een plek van vergeefsheid is, waar we opbotsen tegen de gehavende staat van de wereld. We ervaren wat de Schrift 'zwoegen' noemt (Prediker 2:17-26 HSV). We zaaien en lijken niets te oogsten. We falen.

De Schrift maakt voortdurend onderscheid tussen het goede werk waarvoor we zijn gemaakt en de aanwezigheid van 'zwoegen' in ons leven, de letterlijke en figuurlijke doornen en distels die het werk zelf maakten tot een plek van pijn. De Bijbel is vol geklaag over met name dit zwoegen – en nergens meer dan in het boek Prediker. De schrijver van Prediker zegt dat hij het leven 'haatte' vanwege dit zwoegen (2:17 HSV), dat 'vluchtig en najagen van wind' is (1:12-6:9). Deze verzen zijn bepaald geen goede motivatieposters voor in onze kantoortuin, maar de Schrift laat er geen twijfel over bestaan dat ons werk vaak teleurstellend, afmattend, ondankbaar, betekenisloos en zelfs uitbuitend en vernederend is.

De man van een vriendin van mij heeft een vrij belangrijke baan in de technologiewereld. Ze vertelt me dat hij vaak 's nachts niet kan slapen omdat hij zich zorgen maakt over zijn werk. In zijn werkveld, te midden van de schittering van genieën, startups, en jeugdige energie, zijn mensen vervangbare krachten – een goed kwartaal betekent nieuwe krachten inhuren, een slecht kwartaal betekent ontslagen. Velen van ons werken in industrieën waar onze gezondheid, aanwezigheid, privéleven, beperkingen en menselijkheid vaak niet worden gewaardeerd.

Velen van ons liggen 's nachts wakker, angstig en bezorgd over hun baan. En nog meer mensen blijven lang op om koortsachtig door te werken, in een poging onszelf te beschermen tegen onze eigen vervangbaarheid.

Maar hoewel ieder van ons in het werk zwoegen, frustratie en vergeefsheid ervaart, hebben sommigen het overduidelijk zwaarder dan anderen – en zij werken vaak als de rest van ons slaapt. Hoewel in alle sectoren van onze samenleving in toenemende mate 's nachts wordt gewerkt, werken de jongere, armere en lager opgeleide mensen veel vaker in de donkere uren. Het overgrote deel van de Amerikaanse nachtelijke werkers is immigrant. De *Washington Post* legt uit dat je als immigrant in de Verenigde Staten vaak 'niet alleen het werk doet dat veel Amerikanen verafschuwen, maar ook werkt op tijden dat Amerikanen niet willen werken.'[5] Als wij bidden voor wie 's nachts werken, bidden we vaak voor de armen, de mensen aan de zelfkant van de maatschappij, de meest kwetsbaren in onze samenleving.

In de eschatologische wereld waar we naar uitzien, zal het werk zelf vernieuwd worden. Jesaja 65 spreekt over hoe God een nieuwe hemel en nieuwe aarde schept, waar werk niet langer gekenmerkt zal worden door zwoegen. Niet dat we niet langer zullen werken – we zullen de eeuwigheid niet doorbrengen met chips eten en Netflixfilms kijken. In plaats daarvan zal Gods volk 'genieten van het werk van hun handen' (Jesaja 65:22). Niemand zal vergeefs arbeiden. In *Signs Amid the Rubble* schrijft Lesslie Newbigin dat niet alleen onze lichamen op een dag opgewekt zullen worden, maar ook ons werk: 'Al het trouwe werk van Gods dienaren dat door de tijd begraven lijkt onder het stof van mislukking, zal opgewekt worden, zal er nog zijn, getransformeerd, in het nieuwe koninkrijk ... Hun arbeid was niet tevergeefs, maar heeft een plek gevonden in het voltooide koninkrijk.'[6]

Ons werk was altijd bedoeld als een bron van zegening, overvloed en vreugde die golft door heel de eeuwigheid heen. Terwijl we huilen over de gebrokenheid en vergeefsheid van werk en uitzien naar de dag waarop God alle dingen zal herstellen, werken we ook, met de beperkte gaven, invloed en vermogens die God ons gegeven heeft, omwille van de vernieuwing van het werk zelf en van de arbeids- en handelssystemen in onze wereld.

Gebed zelf is een vorm van werk en zendt ons uit, de wereld in, om te werken.

Voor de christen zijn de houdingen van gebed en werk met elkaar verweven: *ora et labora*, bid en werk. We werken terwijl we bidden en we bidden terwijl we werken. En ons gebed en ons werk herscheppen elkaar.

Toch kunnen we op een verkeerde manier gebed en werk tegen elkaar uitspelen, alsof het een het ander overbodig maakt. In deze tijd hebben we de neiging om verworvenheden te zien als *ofwel* ons werk of Gods werk, maar nooit beide.[7] Ergens zijn we gaan geloven dat ons werk dus wedijvert met Gods werk. We geloven in de leugen dat goedheid, waarheid, schoonheid, genezing en rechtvaardigheid slechts tot stand komen door onze eigen inspanningen of dat alleen God ze kan schenken, zonder enige actie van onze kant. God is dus handig als een wonderwerker of een weesgegroet-goocheltruc. Hij is een tovenaar aan wie we vragen om de wereld te hulp te schieten met tekenen en wonderen als wij niet thuis geven. Door zo te denken zijn we grotendeels op onszelf aangewezen, hoewel we God soms vragen om te handelen als wij wanhopig zijn. In het alledaagse leven, bij het wassen draaien en wetten maken, begrotingen en boswachterij, medisch werk en moederschap, greppels graven en diplomatie, is God grotendeels afwezig.

Deze vorm van concurrerende werking wordt geïllustreerd in een stuk van de Schotse komediant Daniel Sloss (van wiens komedie ik geniet, ondanks zijn levensbeschouwing). Sloss vertelt hoe teleurstellend het is voor ouders dat ze zo veel tijd, energie en geld steken in kerstgeschenken terwijl de kerstman er de eer voor opstrijkt. Vervolgens zegt hij: 'Dat is precies hoe dokters zich voelen als je God dankt.' Hij doet een kankerpatiënt na die herstelt: 'O, prijs de Heer.' De dokter antwoordt: 'Weet u wat zo grappig is; ik heb zijn naam niet op uw kaart gezien. Zag wel mijn eigen naam bovenaan: dr. Michaels.' De patiënt betoogt: 'De Heer heeft u gezonden!' De dokter antwoordt (terwijl het publiek luid lacht): 'Hij heeft bepaald niet bijgedragen aan die medische titel.' God gaf de kanker; de dokter genas die.[8]

Als we kijken door de bril van concurrerende werking, krijgt God alleen maar kritiek en nooit eer. Hij is verantwoordelijk voor kanker, tsunami's en auto-ongelukken terwijl wij alle dank verdienen voor de genezing, de pogingen tot herstel, de veiligheidsvoorzieningen.

Het grootste deel van de menselijke geschiedenis was deze manier van kijken naar de wereld ondenkbaar. Gods werk werd niet gezien als gescheiden van en ook niet in concurrentie met ons eigen werk; het was het leven zelf vanwaaruit alle vruchtbaar werk voortvloeide.[9] God bestond niet om de gaten te vullen van wat wij niet voor elkaar krijgen door ons eigen werk. Het christelijke verstaan van werkzaamheid is dat alle goede werk deelname aan het leven van God zelf is. Het is onze daad van samenwerking met de onderhouder van het heelal. Het komt voort uit gebed en vloeit er weer naar terug.

De gedachte van concurrerende werking beïnvloedt ons allemaal, zelfs christenen, zodat we soms gebed gaan zien als een passieve daad. We wachten op een doorbraak, op een miraculeuze genezing van God. God mag dan een wonderwerker zijn, maar hij is ver weg, duikt maar zelden op en laat de dagelijkse gang van zaken in de wereld aan ons over.

Of we reduceren gebed tot een persoonlijk moment van troost en vroomheid. God is onze vrome opkikker, een pauze in de grote slechte wereld van werk, politiek en nood.

Gebed is dan ofwel een uitvlucht ofwel een manier om op magische wijze het kleine gat te vullen dat ons eigen werk overlaat.

Maar als God achter, onder en te midden van alle goed werk en ieder moment van ons leven aanwezig is, dan is gebed nooit een 'louter' geestelijke daad van vroomheid, zwevend boven de grond, gescheiden van het echte werk in de wereld. Als we bidden om genezing of verlossing of vrede of rechtvaardigheid, bidden we voor wie werken – voor wetenschappers, dokters, dichters, pottenbakkers, onderzoekers, winkelbedienden, boeren, politici en piloten – deze echte en beperkte mannen en vrouwen door wie God vernieuwing bewerkstelligt.

Als we zo bidden verandert dat ook hoe we werken. We kunnen ons dagelijks werk oppakken, wetend dat we daarmee participeren in het eeuwige werk van God. We kunnen onze roeping aanvaarden, niet om simpelweg succes te boeken, een salaris te krijgen of naam te maken, maar vanuit een plek van rust in God.

Deze visie op werk verandert ook ons gebed. De praktijk van het bidden wordt dan een stuwende kracht, die ons opwekt om deel te nemen aan Gods werk.

Harvard-professor Steven Pinker schetst in zijn boek *Ver-*

lichting nu: een pleidooi voor rede, wetenschap, humanisme en vooruitgang hoe ons leven is verbeterd door rede, met name door wetenschap en technologie. Pinker zet gebed expliciet af tegen dit werk van vooruitgang. Hij schrijft:

> De altijd creatieve Homo Sapiens heeft lang gevochten tegen ziekte met kwakzalverij zoals gebed ... Maar aan het einde van de achttiende eeuw, toen de vaccinatie werd uitgevonden, en versneld in de negentiende eeuw toen de infectieleer werd geaccepteerd, begon het tij te keren. Door handen te wassen, verloskunde, muskietenwering, en vooral de bescherming van drinkwater door publieke riolering en gereinigd drinkwater werden miljoenen levens gered.[10]

Pinker veronderstelt dat gebed – en God zelf – zich in een andere dimensie bevindt dan handen wassen, infectieleer, of riolering. Zowel gelovigen als ongelovigen kunnen vervallen tot zo'n manier van denken. Of we het nu als 'kwakzalverij' zien of niet, we scheiden het gebed van het zware menselijke werk, van geniale daden, sprongen in de technologie of wetsvoorstellen die aangenomen worden.

Op een avond liep ik de trap af en ontdekte tot mijn verbazing hoe Jonathan zat te huilen terwijl hij las – van blijdschap huilend over de vriendelijkheid en de weldaden van God. Maar hij zat niet in de Bijbel te lezen of in de kerkvaders. Hij las Pinkers *Verlichting nu.* Ik begon te lachen. Terwijl mijn man las over de ontelbare levens die gered zijn door schoon water en moderne medische zorg zag hij het werk van God in en door het werk van mensen. Steven Pinker en Jonathan keken naar dezelfde gegevens, maar hun verhalen over de werkelijkheid leidden ertoe dat ze die data op totaal verschillende manieren vertelden. Waar Pinker kwakzalverij zag, zag Jonathan heerlijkheid. Hij was verwonderd over het feit dat God zo'n verbazingwekkende genezing binnenleidde in deze verdrietige wereld en dat hij mannen en vrouwen het voorrecht gaf om te delen in dat werk. Het christelijke verhaal daagt ons uit om te geloven dat het werk van het gebed niet zo ver verwijderd is van het geschenk van riolering, dat handen die opgeheven worden in gebed en de wetenschappelijke aanbeveling om handen te wassen voortvloeien uit een gedeelde bron. Ons gebedswerk is deel van ons publieke werk van herstel en geeft het vleugels.

> *Het christelijke verhaal daagt ons uit om te geloven dat het werk van het gebed niet zo ver verwijderd is van het geschenk van riolering.*

Zo'n tien jaar lang was ik priester op de universiteit. Ik zag hoe christenen die werken in de gezondheidszorg, onderzoek, literatuur en kunsten hun werk en aanbidding met elkaar verbonden. Hun leven zelf vormt een uitdaging voor iedere vorm van concurrerende werking. Een van mijn toenmalige studenten, een natuurkundige, vertelde me dat ze geen conflict ziet tussen haar wetenschappelijke onderzoek en het gebedswerk, tussen wat ze 'natuurlijke, waarneembare oorzaken' noemt 'en goddelijk ingrijpen'. Het geeft me vreugde, zegt ze, dat een ondoorgrondelijk God ervoor kiest om de dingen op doorgrondbare manieren te doen, manieren waarover we kunnen leren, die we kunnen bevatten, en waaraan we kunnen deelnemen.

Een voorrecht van het dienen als priester in een gemeente vlak bij wetenschappelijke ziekenhuizen en universiteiten is dat ik regelmatig van dichtbij te zien krijg hoe sommige van de slimste mensen ter wereld zowel gebed als verlossend werk omhelzen. Een vriend en gemeentelid, Noel, heeft tientallen jaren lang gestudeerd om tot de weinige dokters in de Verenigde Staten te behoren die heel specifieke kindergeneeskundige operaties kunnen uitvoeren. Soms duren zijn operaties meer dan tien uur. Ze zijn complex, intensief en uitputtend. En op die dagen is Noel te vinden in de kantine van het ziekenhuis, biddend. Aan de binnenkant van het deurtje van zijn kluisje heeft hij een liturgie opgehangen die hij bidt voor en tijdens een operatie. Aangemoedigd door zijn geestelijk leider schreef Noel die zelf, waarbij hij gebruikmaakte van het *Book of Common Prayer* en de Schrift.

Hij fluistert: 'Geef mij, o Heer, omwille van uw naam, door het werk van uw heilige Geest, liefde voor mijn patiënt, vreugde in het delen in dit werk, vrede terwijl ik U volg, geduld bij de lastige momenten in deze operatie, vriendelijkheid .... voor allen in de kamer, voortreffelijkheid in deze moeilijke taak, trouw om zuiver te zijn in de details, zelfs als niemand anders dan U het ziet ... en zelfbeheersing zodat mijn eigen zonden van boosheid, bezorgdheid en ijdelheid mijn oordeel niet bevlekken.' Hij noemt in het gebed zijn patiënt bij naam. Vervolgens wast hij zich weer en gaat verder met de operatie.

Zijn patiënten lopen met hem weg. Een vader zei: 'Hij redde het leven van mijn dochter.' Maar Noel vertelt me dat zijn baan simpelweg een kans is om 'een uitdeler van algemene genade' te zijn. Als de zon ondergaat na een lange dag, voltooit hij zijn werk. Een kind is geholpen en genezen. Een man doet zijn medisch masker af en ademt een dankgebed uit dat hij mocht meewerken aan Gods herstel, dat zijn werk deel mag zijn van Gods eigen werk. Mijn vriend werkt als iemand die bidt, en bidt als iemand die werkt.

Werken, waken en wenen samen zijn een manier om het mysterie van de theodicee te verdragen. Ze zijn een gelovig antwoord op onze gedeelde menselijke tragedie – maar alleen als we ze alle drie bij elkaar houden, en ruimte en energie geven aan elk van deze drie, zowel in ons eigen leven als in de kerk.

Werken, waken en wenen samen zijn een manier om het mysterie van de theodicee te verdragen. Ze zijn een gelovig antwoord op onze gedeelde menselijke tragedie – maar alleen als we ze alle drie bij elkaar houden, en ruimte en energie geven aan ieder van deze drie, zowel in ons eigen leven als in de kerk.

Als we, geconfronteerd met falen, onmiddellijk in ons werk duiken – in oplossingen, bezigheden, programma's en plannen – zonder ruimte te geven aan verdriet of gerichtheid op God, dan zal ons werk dwangmatig, neurotisch en vergeefs zijn. (Daarom heb ik de volgorde van het gebed omgedraaid en ben ik begonnen met wenen. Meestal is het veel wijzer om niet meteen weer aan het werk te gaan, tenzij het een noodsituatie betreft.) Als we uitzien naar Gods herstel zonder ook te rouwen en te werken, bagatelliseren we de dringende noden van de wereld en worden we sentimenteel, apathisch of passief. Als we huilen zonder uit te zien naar het komende koninkrijk en deel te nemen aan Gods werk, vervallen we tot wanhoop. Door zowel te wenen als te waken worden we aangezet tot werken, en ons werk wordt gevormd en geheiligd door mensen die, door belichaamde en dagelijkse oefening, geleerd hebben om te wenen en te waken.

God kwam deze wereld van zwoegen binnen en deed goed werk. Jezus weende, waakte en werkte. Hij hield deze drie bij elkaar.

Hij genas mensen en wierp demonen uit. Hij verlichtte het lijden in de wereld. Niet voor altijd – mensen worden nog steeds ziek. Mensen werden nog steeds ziek, zelfs toen Hij op aarde rondwandelde. Francis Spufford wijst erop dat Jezus, bij alle genezing die Hij bewerkstelligde, nauwelijks verandering bracht in het aantal leprozen in het oude Nabije Oosten of het aantal bloedvloeiende vrouwen of het aantal mensen dat stierf.[11] Maar door zijn werk liet Jezus ons zien hoe het koninkrijk van God eruitziet: in het koninkrijk worden mensen genezen, hersteld en geheeld en ontvangen vergeving.

Jezus bracht ook tijd door – tientallen jaren zelfs – met dingen maken. Jezus was een ambachtsman. Hij wordt een *tektoon* genoemd (Marcus 6:3), een bouwer die zijn handen gebruikte. God kwam naar de aarde en vond het blijkbaar de moeite waard om iets te maken van wat hout of steen of metaal.[12] Wat maakte Hij? We hebben geen idee. Blijkbaar niet iets wat wereldschokkend genoeg is om het te bewaren. Maar in deze duistere wereld, waar mannen en vrouwen stierven, waar armen leden, waar onrechtvaardigheid woedde in een groot en gewelddadig rijk, werd God vlees en maakte Hij wat meubels. Gedurende al die jaren waarin Hij dingen maakte, preekte Hij niet, genas hij niet en veegde hij ook geen tempels schoon. Hij begon geen beweging en wekte ook geen doden op. Het licht kwam in de duisternis en deed gewoon werk.

Heel Jezus' werk was verlossend. Niet slechts het werk waar de menigte verwonderd over was – het voeden van massa's mensen, de Bergrede of het opwekken van Jaïrus' dochtertje, maar ook zijn stille ambacht.

De evangeliën laten ons Jezus' ritme van bezig zijn met werk en publieke bediening zien. 'Hijzelf trok zich geregeld terug op eenzame plaatsen om er te bidden,' schrijft Lucas (Lucas 5:16). Zijn werk van gebed stuurde Hem zijn actieve leven van werken in, dat hem weer terugstuurde naar het werk van gebed.

Jezus' werk bracht Hem uiteindelijk aan het kruis, waar wenen, waken en werken samenkomen.

Aan het kruis weende Jezus in duisternis, terwijl Hij waakte en wachtte op de nieuwe wereld die geboren zou worden door zijn eigen krachtsinspanning.

Zelfs nu, na zijn opstanding en hemelvaart, gaat God op mysterieuze wijze door met wenen, waken en werken. Het werk van Jezus hier op aarde en zijn werk nu in de hemel – wat geen verafgelegen plek is, maar dichter bij ons dan ons eigen lichaam – is niet volledig anders. Zijn werk in de vleeswording en na zijn hemelvaart zijn verschillend, maar botsen niet met elkaar. In zijn leven op aarde vangen we een glimp op van het werk van God dat zelfs nu doorgaat.

Op dit moment doet Christus het werk van gebed en bemiddelt Hij voor ons.

Hij huilt niet zoals wij huilen, maar als onze vriend en Redder komt Hij ons huilen binnen.

Hij waakt met ons, niet zoals wij waken, maar met heilige en volmaakte aandacht. Hij kijkt gespannen toe, met volkomen en liefdevolle betrokkenheid, en ziet hoe elk musje valt, elke zeelelie kruipt over de bodem van de oceaan en elke mitochondrion voedingsstoffen verzamelt in onze cellen.

En Hij werkt aan herstel. In sterrenstelsels en wereldrijken, in onze straten, huizen en kantoren, en in ons bed 's nachts, is Hij aan het werk om alles, tot het laatste ding toe, nieuw te maken.

Deel 3

Een lijst van kwetsbaarheden

De wereld is inderdaad vol gevaren,
en er zijn vele duistere plaatsen,
maar toch is er nog veel moois,
en hoewel nu in alle landen liefde met verdriet is vermengd,
wordt het misschien nog groter.
J.R.R. Tolkien, *In de ban van de ring*

De nacht verhevigt, verhoogt iedere gewaarwording.
The Phantom of the Opera

6

Laat uw engelen hen behoeden die slapen

Kosmisch en alledaags

Zo'n vijftien jaar lang was ik het bestaan van engelen vergeten.[1]

Het was niet zo dat ik besloot om niet langer in ze te geloven, maar ik dacht simpelweg niet aan engelen, en als ik het toch deed, dan was het een vluchtige gedachte aan hoe clichématig engelen meestal worden verbeeld.

Bij het op bed leggen ontdekte ik de engelen opnieuw.

Toen mijn oudste nog een baby was, besefte ik op een avond tot mijn verbazing dat ik, zonder het echt te merken, een gewoonte had ontwikkeld om God te vragen zijn engelen te zenden om haar te beschermen.

In die tijd werkte ik aan de Vanderbilt Universiteit, en ging ik vaak naar Alektor Café, een Grieks-orthodox café en boekwinkel vlak bij de campus. Ik hield van de rust en schoonheid van die plek, de oude boeken en de vegetarische chili. Ik leerde vader Parthenios kennen, een priester uit Antiochië, en zijn vrouw (die door iedereen eenvoudig 'Presbytera' of 'vrouw van de priester' werd genoemd), die samen in de zaak stonden. Op een middag, toen ik hoogzwanger was, overhandigde Presbytera mij een icoon van een engel en vertelde me dat die voor de nieuwe baby was. Ik waardeerde haar vriendelijkheid, maar was niet bepaald geestelijk geraakt. Per slot van rekening ben ik protestant. Hoewel ik op dat moment geen specifieke scepsis voelde ten opzichte van ofwel iconen of engelen, voelde ik me ook niet diep verbonden met hen. Toch hing ik het kleine houten icoontje met een punaise aan de muur van het kamertje van mijn dochter.

Maanden later wees ik, als ik bad voor mijn dochter voor ik haar iedere avond in haar wiegje legde, naar het icoon en bad dat de engelen dicht bij haar zouden zijn en haar zouden beschermen. Ik weet niet waardoor mijn gedachten of mijn hart veranderd zijn. Ik begrijp niet hoe het gebed om engelen langzaam opborrelde in mij en plotseling plausibel en natuurlijk leek. Mijn enige verklaring is dat de torenhoge verantwoordelijkheid – en liefde en kwetsbaarheid – van het moederschap mijn hart openden om hulp te vragen waar die ook maar gevonden kon worden. En daar was de stille engel, die er sterk en oud uitzag, en iedere avond op mijn dochter en mij neerkeek terwijl we daar in een donkere kamer zaten. Het gebed, de vriendelijkheid van Presbytera en de stille zekerheid van het icoon spanden samen met mijn eigen moederlijke verlangen om mijn geloof vooruit te helpen en te vormen. Mijn scepsis sloop stilletjes weg.

Met het ouderschap bereikte mijn bezorgdheid een nieuw niveau. Ik was me er scherp van bewust hoe klein en kwetsbaar mijn dochter was in dit gigantische heelal, en ik wist dat alle passie van mijn moederliefde niet genoeg zou zijn om haar te beveiligen. Ik was zelf ook klein en kwetsbaar. En toch geloofde ik, in ons gewone huis in het onmetelijke duister van de nacht, dat ik niet alleen was.

Dit gebed uit de completen daagt ons uit om te geloven in een druk heelal.

Niemand van ons komt uit zichzelf tot wat hij of zij gelooft. De wereld kent geen vrije denkers. Ons voorstellingsvermogen over wie we zijn en hoe het universum eruitziet wordt in hoge mate gevormd door de mensen om ons heen en door de cultuur waarin we leven. Na de verlichting in het Westen beroofde ons collectieve voorstellingsvermogen het heelal van bovennatuurlijk leven, zo zeker als de industrie Cape Cod heeft beroofd van kabeljauw.²

> *Ons collectieve voorstellingsvermogen beroofde het heelal van bovennatuurlijk leven, zo zeker als de industrie Cape Cod heeft beroofd van kabeljauw.*

Hoe onbewust ook, we gaan er automatisch van uit dat het heelal eruitziet als een lege zee waarop we alleen ronddobberen. De meesten van ons die onderwezen zijn in een milde vorm van wereldwijsheid – inclusief christenen – leven alsof God ver weg is, alsof wij de wereld in onze macht hebben. De wereld is niet vol betovering, het wemelt er niet van raadsels en het is zeker niet dichtbevolkt met engelen.

Maar dat was niet altijd zo. Vroeger stelde de kerk zich een heelal vol met engelen voor, en oude christelijk leiders spreken veel over engelen – veel meer, eerlijk gezegd, dan waar ik me prettig bij voel. Thomas van Aquino noemde ze 'intelligente schepselen' of 'onstoffelijke schepselen'.³ In de vijfde eeuw schreef Dionysus de Areopagiet: 'Er zijn duizend maal duizend engelen, tienduizend maal tienduizend ... zo veel dat de gezegende legers van bovenaardse intelligente wezens de kwetsbare en beperkte wereld van aardse getallen te boven gaan.'⁴ Hilarius van Poitiers schreef dat 'alles wat leeg lijkt vol is van engelen van God, en dat er geen plek is die niet door hen bewoond wordt tijdens hun bediening'.⁵

Ik kan me zelfs niet voorstellen hoe je leeft met zo'n visie op het heelal, waar je je op een doordeweekse dag omdraait en tegen duizend engelen aan botst. Wat eeuwenlang werd verondersteld – dat het heelal gonst van goddelijk leven – is iets waar ik mijn best voor moet doen om het te geloven. Toch is mijn ambivalente gevoel bij engelen niet te danken aan verstandelijk denken. Het komt voort uit een gebrek aan voorstellingsvermogen, een voorstelling die gevormd wordt door een onttoverd beeld van de wereld – de lege oceaan die de kosmos is. Hoewel ik anders belijd, word ik vaak niet erg gegrepen door welke wereld ook behalve die ik kan zien, horen, ruiken, proeven en aanraken. Dat leidt tot een verlies van verwondering. Ik sta er maar zelden bij stil dat het heelal – en zelfs mijn kleine huis – doordrenkt is van de aanwezigheid van God en tot de nok gevuld met geestelijke mysteries. Mike Cosper schrijft in zijn boek *Recapturing the Wonder*: 'Christenen en niet-christenen zijn allebei onttoverd, omdat we allemaal ondergedompeld zijn in een wereld die een materieel verstaan van de werkelijkheid presenteert als de geloofwaardige en volwassen manier van denken.'[6]

Geloven in het bovennatuurlijke kan me eerlijk gezegd wat in verlegenheid brengen in mijn stadse omgeving – vooral het onedele bovennatuurlijke. Niet een of andere vage, exotische, hippe newagetrend. Maar engelen. Even serieus... Dat is voer voor waardeloze prullaria bij je excentrieke tante op de boekenkast. In zijn woord vooraf bij *Brieven uit de hel* schrijft C.S. Lewis:

> In de beeldende kunst zijn deze symbolen langzamerhand gedegenereerd. De engelen van Fra Angelico dragen op hun gelaat en in hun gebaren de vrede en het gezag van de Hemel. Later krijg je de bolle blote kleutertjes van Rafaël; en uiteindelijk de zachte, slanke, meisjesachtige en troostrijke engelen van de negentiende-eeuwse kunst, zo vrouwelijk dat de wulpsheid slechts door een totale zouteloosheid binnen de perken blijft.[7]

Van zoete kleine cherubijntjes en porseleinen beeldjes naar John Travolta die danst met Aretha Franklin in *Michael*, het was niet zo dat ik een geloof in engelen afwees, maar meer dat ze zich onttrokken aan de werkelijkheid. Ze waren dom geworden, geromantiseerd tot ze nog slechts parodie waren.[8]

Wij christenen kunnen verleid worden tot een onttoverd geloof. We proberen het overeind te houden met achtenswaardigheid. Maar in feite geloven we nog steeds in veel vreemde dingen.

Een paar jaar geleden hoorde ik een interview met de Britse theoloog John Milbank, waarin hij zei: 'Ik geloof in al dit fantastische gedoe. Ik verzet me echt sterk tegen ...onttovering in de moderne kerken, en ook onder de meeste moderne evangelicalen.' Hij vertelde een verhaal over het bisdom Notthingham in Engeland, dat hij beschreef als 'een heel evangelisch bisdom'. Ze hadden een verzoek ontvangen om mee te doen aan een radio-uitzending over engelen. Ze deden onderzoek onder hun geestelijken en vroegen: 'Is er iemand die nog steeds voldoende gelooft in engelen om hierover te spreken?' Milbank gaf het bisdom ervan langs en zei: 'In mijn opinie is dit schandalig. Ze hadden nooit tot priester gewijd mogen worden als ze geen steekhoudend betoog kunnen geven over het engelenrijk en de plek ervan binnen de goddelijke economie.'[9] Milbank riep op tot een 'herbetovering' van de kerk, opdat we ruimte geven aan heel de Schrift en veel van de kerkelijke traditie – zelfs vreemde zaken – en die zouden geloven, belijden en omhelzen.

Als we geen heelal vol betovering omhelzen – de vreemde zaken – dan missen we de volheid van de werkelijkheid, de volheid van God, en zullen we nooit in staat zijn om het mysterie van ons eigen leven te omhelzen, onze verwarde vragen waarop we geen antwoord vinden. Om het mysterie te verdragen, moeten we leren varen op de zee van het wonder die krioelt van leven.

In de nacht horen we de fluisteringen van een overvol heelal en vragen we ons af of er verborgen geestelijke werkelijkheden zijn. Ons voorstellingsvermogen slaat op hol van alle mogelijkheden – iedere cultuur op aarde is vol verhalen over geesten en andere schimmen die verschijnen in de nacht.

Dit nachtelijk gebed roept ons terug naar het bovennatuurlijke. Hier komen we in aanraking met de ongemakkelijke werkelijkheid van een universum dat ons waarnemen, meten en beheersen te boven gaat.

Het gebed zelf, in iedere vorm, daagt ons uit om te reageren op een wereld die het materiële te boven gaat, een wereld die vol is met meer mysterie dan waar we een beschaafd gesprek over kunnen voeren.

In zekere zin is het gebed iets heel banaals. Het is gewoon en alledaags.

En toch vormt het de toegang tot een bovennatuurlijke werkelijkheid. Al verfraai je het gebed als moment van stilte of omhul je het met voorgeschreven schitterende woorden, in een cultuur die zich de wereld slechts driedimensionaal voorstelt, zal het onvermijdelijk en ongehoord oneerbiedwaardig zijn.

Toen ik priester werd bij een lokale gemeente werden bovennatuurlijke fenomenen iets onvermijdeljks. Het komt vaak voor dat gemeenteleden een pastor benaderen en om hulp vragen bij onverklaarbare geestelijke ontmoetingen. En dan hebben we het niet alleen over de excentrieke tantes. Dokters, professors, zakenmensen, die ogenschijnlijk intelligent, goed aangepast en geestelijk gezond zijn, vragen of wij wellicht kunnen komen bidden bij hen thuis, omdat ze denken dat ze een demon hebben gezien of een of andere onverklaarbare ervaring hebben gehad. Uiteindelijk leren priesters om te reageren op het bovennatuurlijke zoals loodgieters reageren op een telefoontje over een verstopte riolering. Het hoort bij je werk. Iedere oude priester die ik ken heeft zo zijn of haar verhalen.

Dat ik meer ging geloven in het bovennatuurlijke kwam uiteindelijk niet doordat ik pastor was of dat ik vreemde ervaringen had. Het kwam door gebed.

Gebed verdiept onze voorstelling van de aard van de werkelijkheid.

Cosper schrijft: 'Leren leven in het koninkrijk van God, of trachten te leven in een wereld die anders is dan onze onttoverde leefomgeving, vereist een totale herordening van onze gewoonten en toewijdingen.'[10] Door bijna iedere impuls van onze cultuur worden we geoefend in het geloof dat het hier-en-nu alles is wat er is; dat de enige hoop die ons geboden wordt te vinden is in wat we kunnen proeven, ruiken, voelen en zien. Om te geloven in iets wat de materiële wereld te boven gaat moeten we gewoonten aanleren die ons voorstellingsvermogen – en onze harten en gedachten – vormen in het licht van de opstanding, in het licht van de mogelijkheid dat, zoals Elizabeth Barrett Browning ons zegt, 'de aarde barstensvol zit met hemel, en ieder gewoon struikgewas in vuur en vlam staat van God'.[11]

Gebed gaat vaak vooraf aan geloof.

De meeste populaire visies op het gebed keren dat om. We zien gebed grotendeels als zelfexpressie. Als we zo denken, beginnen we met opvattingen en gevoelens over God en de wereld, en dankzij deze dingen leren we te bidden. Onze gebeden verwoorden ons innerlijk leven. Maar gebed vormt in feite ons innerlijk leven. En als we de gebeden bidden die ons gegeven zijn, ongeacht hoe we ons daarbij voelen of hoe we denken over God op dat moment, dan ontdekken we soms, tot onze verrassing, dat ze ons leren te geloven.

Dit is met name het geval in tijden van lijden en verdriet.

Bij zwaar verlies worstelen we vaak om te geloven. Op God vertrouwen voelt als een steile klim. We zijn moe en onze benen trillen.

In tijden van diepe pijn in mijn eigen leven heeft het geloof van de kerk mij gedragen. Als we de geloofsbelijdenis uitspreken in de eredienst, dan zeggen we niet: '*Ik* geloof in God de Vader...' Want er zijn weken dat ik dat wel doe, maar ook weken dat ik die hoge noot niet haal. In plaats daarvan belijden we: '*Wij* geloven...' Geloof is geen gevoel binnen in ons, maar een werkelijkheid buiten ons waarin wij binnengaan, en als we merken dat ons geloof wankelt, is soms alles wat we kunnen doen, terugvallen op het geloof van de heiligen. We geloven samen. Godzijdank is het geloof niet afhankelijk van mij en mijn altijd maar wisselende gelovigheid.

Te midden van pijn en vertwijfeling 'hebben we de vangrails nodig van kerkbezoek voor gebed en eredienst', legt filosoof James K.A. Smith uit. 'Er zullen momenten zijn tijdens iedere christelijke pelgrimsreis waarop het vanzelf spreekt dat je die ruimte binnenwandelt ... Soms echter kom ik naar de kerk met mijn twijfels en dan reken ik er ergens op dat jij in mijn plaats zingt.'[12]

Als we lijden fungeren de Schrift, de liederen, de sacramenten en de gebeden van de kerk als een reddingslijn. Als we God willen kennen, maar te zwak zijn om te lopen, dan dragen deze gewoonten ons.

Het heelal is altijd betoverd geweest. We kunnen stoppen met ons verwonderen over mysteries die buiten ons bereik liggen, maar dat vermindert ze op geen enkele wijze. Het heelal heeft onze goedkeuring niet nodig.

Wij zijn het die verarmd zijn.

Toch kunnen we nooit echt het gevoel van ons afschudden dat er misschien – heel misschien – meer is. We vragen ons af of onze gewone levens deel uitmaken van iets onzichtbaars, iets heiligs, een groter verhaal waarbinnen we onze plek in kunnen nemen.

Het ongeziene maakt deel uit van onze ervaring van menselijke kwetsbaarheid. We voelen ons niet alleen kwetsbaar omdat we te maken krijgen met verlies, ziekte of dood. We voelen ons kosmisch kwetsbaar. We voelen onze kleinheid in een onmetelijk universum. We voorvoelen dat er wellicht kwade en goede machten zijn in de wereld die nooit bewezen of ontkracht kunnen worden met een microscoop. We vermoeden, ergens heel diep vanbinnen, dat er meer krioelt in deze weidse oceaan van de werkelijkheid dan iemand zich kan voorstellen. En we vragen ons af: is er een bovennatuurlijke werkelijkheid, is dat er een van orde of van chaos? Schoonheid of verschrikking?

Weten dat je niet alleen bent, kan troostend en beangstigend tegelijk zijn. In een donkere nacht, als de donder rolt en de takken als dwazen tegen de ramen beuken, voelen mijn kinderen zich gerustgesteld als ik tegen ze zeg: 'Ik ben hier, je bent niet alleen,' omdat ze mij vertrouwen en van mij houden. Maar hetzelfde idee kan de nachtmerrieachtige wending in een horrorfilm zijn – 'de stem komt van binnen in het huis'. Het gevoel dat de wereld vol is van mysterie is een geschenk of een gruwel, afhankelijk van of dat wat je niet ziet te vertrouwen is of niet. Komt God tot ons als een liefdevolle moeder of als een vreemde die van plan is ons te grijpen?

Gebed roept ons een bovennatuurlijke werkelijkheid binnen. Het onderwijst ons ook over de aard van God die zowel regeert over wat we zien als wat we niet zien, de maker van egels, engelen en wie-weet-wat-nog-meer.

Wat ik het mooiste vind aan deze regel – 'en laat uw engelen hen behoeden die slapen' – is dat die een verbinding legt tussen de bovennatuurlijke kosmische vreemdheid en de meest gewone van alle menselijke activiteiten: slapen.

We gaan iedere nacht slapen in onze gewone bedden in onze gewone huizen in onze gewone levens. En we gaan slapen in een heelal dat tot de nok toe gevuld is met mysterie en wonderen. We slapen altijd in een overvolle kamer in ons overvolle heelal, en dus vragen we om vreemde dingen – dat God zijn onvoorstelbare bovennatuurlijke wezens zendt om te waken bij ons terwijl we kwijlen op ons kussen.

> En dus vragen we om vreemde dingen – dat God zijn onvoorstelbare bovennatuurlijke wezens zendt om te waken bij ons terwijl we kwijlen op ons kussen.

We zijn allemaal hulpeloos in onze slaap. Hoe belangrijk ons werk ook is, hoe indrukwekkend we ook mogen zijn, om te leven moeten we allemaal het licht uitdoen en zo'n derde deel van ons leven onbewust doorbrengen.

Of we het nu leuk vinden of niet, we moeten iedere dag kwetsbaarheid binnengaan om te slapen. We kunnen geconfronteerd worden met kwaad. We kunnen beroofd worden. We kunnen wakker worden in een nieuwe wereld van verlies die we ons de avond ervoor niet hadden kunnen voorstellen.

We willen alleen slapen te midden van mensen die we vertrouwen, omdat we weten dat men in de slaap misbruik van ons kan maken. We zijn overgeleverd aan de goedheid van de mensen om ons heen en aan de goedheid van de nacht. We kunnen onszelf niet beschermen tegen de hevige verschrikkingen van geweld of dood, of de meer alledaagse problemen van slechte dromen en steekmuggen.

Slaap herinnert ons aan onze hulpeloosheid. Als we slapen hebben we niets aanbevelenswaardigs; we doen niets om op ons cv te zetten. Daarom is slaap een contravormende oefening die ons eraan herinnert dat onze zekerheid niet de som is van wat wij maken, van onze moed of macht.

Het ligt zelfs niet in ons vermogen om in leven te blijven. Binnen de christelijke traditie is de slaap altijd gezien als een manier om de dood te oefenen. Zowel Jezus als Paulus spreekt over de dood als een vorm van slapen. Onze nachtelijke afdaling in het onbewuste is een dagelijks memento mori, een herinnering aan onze geschapen aard, onze beperkingen en onze zwakheden. Als we gaan slapen, komen wij, levende en gezonde mensen, zo dicht mogelijk bij de hulpeloosheid van de dood. En dat doen we elke nacht.

Omdat slaap zoiets kwetsbaars is, vinden we het soms moeilijk ons daaraan over te geven. We blijven lang op, staren naar schermen, werken, of lanterfanten maar wat, gloeilampen die zachtjes gonzen in de nacht. We verzetten ons op iedere mogelijke manier tegen onze lichamelijke beperkingen.

Natuurlijk zijn onze lichamen en ons brein niet werkeloos als we slapen. Er vindt een heel scala activiteiten plaats binnen in ons hoofd. We dromen. We vechten tegen ziekte. We vormen, sorteren en versterken herinneringen van onze dagen. Wetenschappers vertellen ons dat het leren in feite gebeurt tijdens onze slaap, en zelfs afhankelijk is van onze slaap. Informatie die we gedurende de dag in ons opnemen wordt onderbewust keer op keer herhaald in ons brein terwijl we slapen, zodat we het kunnen absorberen, ons herinneren en integreren in ons leven.[13]

Maar het cruciale van dit alles is dat het allemaal gebeurt zonder dat wij het weten, er toestemming voor geven of er controle over hebben. Ons lichaam zit zo in elkaar dat we onze grip op onafhankelijkheid en macht moeten loslaten als we willen opbloeien. Als we willen leren of groeien, moeten we, zowel lichamelijk als geestelijk, bereid zijn om kwetsbaarheid te omhelzen.

> *Ons lichaam zit zo in elkaar dat we onze grip op onafhankelijkheid en macht moeten loslaten als we willen opbloeien.*

God ontwierp het heelal – en onze lichamen – zo, dat we iedere dag het feit onder ogen moeten zien dat wij geen sterren op het doek zijn. We zijn geen hoofdrolspelers van de aarde – of zelfs maar van ons eigen leven. Iedere nacht gaan de omwenteling van planeten, de activiteiten van engelen en het werk van God in de wereld prima door zonder ons. Voor christenen is slaap een belichaamde manier om te belijden dat we erop vertrouwen dat het werk van God niet van ons afhangt.

'Slaap is een prima voorbeeld van hoe doen en ontvangen hand in hand gaan,' schrijft James Bryan Smith. 'Je kunt jezelf niet in slaap laten vallen. Je kunt je lichaam niet dwingen om te slapen. Slapen is een kwestie van overgave. Het getuigt van vertrouwen. Het is toegeven dat wij niet God zijn (die nooit slaapt), en dat is maar goed ook. We kunnen onszelf niet in slaap laten vallen, maar we kunnen de voorwaarden scheppen die nodig zijn om te slapen.'[14] Leren en groeien vereist, heel letterlijk, een houding van overgave.

Er zijn tijden dat we niet kunnen slapen, omdat we ons zo klein voelen. We zijn bang voor de dood, bang om te falen, bang om alleen te zijn. We maken ons zorgen. Dat zijn de kwetsbare momenten waarin onze gigantische illusie dat wij alles onder controle hebben in rook opgaat.

Een aantal jaar geleden had mijn vader een zware hartaanval op een cruiseschip dat zich midden op de oceaan bevond. Mijn broer, zus en ik kregen een bericht van onze moeder die het ons vertelde, maar een dag of wat konden we niet meer informatie krijgen. Ten slotte kregen we contact met de scheepsarts en kwamen erachter dat vader om medische redenen van boord zou gaan en verplaatst zou worden naar een ziekenhuis in Zuid-Amerika, maar het schip moest eerst een nacht lang varen om de kust te bereiken. Ik herinner me dat ik die nacht in bed lag en dacht aan mijn vader en moeder die heen en weer schommelden op een schip midden op de oceaan. Ik kon ze niet redden, bezoeken, of zelfs maar bellen. Ik kon het schip niet sneller laten varen. Ik kon niet voorspellen of vader de volgende ochtend nog zou leven. En terwijl ik me zo scherp bewust was van mijn eigen krachteloosheid, viel ik snel in slaap – iets wat mij maar zelden overkomt.

Zoals een kind dat weet dat het niet haar taak is om de beurs van New York te runnen, omdat ze amper de tafels van vermenigvuldiging beheerst, gaf het gevoel van mijn eigen onmacht me de kans om me over te geven aan de zorg van God. Zo ben ik helemaal niet. Pas als de dingen zo ver buiten het bereik liggen van wat ik zelfs maar pretendeer onder controle te hebben, besef ik dat ik niet verantwoordelijk ben voor mijn leven of dat van anderen.

Slaap is een dagelijkse, belichaamde herinnering dat niet wij, maar God de maker en beweger van al onze levens is.

Gebedsgewoonten zijn net als slaapgewoonten een manier om God te leren vertrouwen in de confrontatie met onze volkomen kwetsbaarheid, zonder een belofte over hoe of wanneer de morgen zal komen. Dit is de ergonomie van redding, de manier waarop we leren wandelen in een wereld van duisternis. Deze houding van rust hervormt mijn voortdurend vragen over hoe ik een God vertrouw die slechte dingen toelaat.

Cosper concludeert:

> Onze klauwende, grijpende poging om iedere vraag te beantwoorden en ieder mysterie in het leven te duiden zal uitlopen op mislukking. In plaats daarvan nodigt God ons uit om een bezoek te brengen aan de gekke, gekke wereld om ons heen, om onszelf te zien als een van de vele mysteries, en om hem te vertrouwen in het feit dat het allemaal op een of andere, vreemde, kosmische manier betekenis heeft. Door dat te doen, ontdekken we dat de aanwezigheid van raadsels in de wereld een uitnodiging is tot verwondering en dat een wereld zonder mysterie een wereld vol wanhoop is.[15]

Er is meer in hemel en op aarde dan waarover wij dromen of filosoferen. Er valt een gekke, gekke wereld te ontdekken, en wij dragen het gewicht ervan niet op onze schouders. Wij zijn beperkte mensen, en er is meer mysterie in ons eigen brein en bed dan waar we ooit de vinger op kunnen leggen. En dus gaan we iedere nacht liggen en slapen, wetend dat we niet alleen zijn.

Zorg voor de zieken, Heer Christus

Belichaming

Sterfelijkheid wordt stukje bij beetje uitgedeeld, van onze eerste verstopte neus tot ons uiteindelijke overlijden.

Ieder moment van ons leven, van het beste tot het slechtste, leven we in onze lichamen. We komen niet op een abstracte manier in aanraking met liefde, maar doordat we als kind gevoed en gekoesterd worden. We kennen eenzaamheid als een gespannen pijn net boven ons borstbeen. We maken kennis met het voorbijgaan van de seizoenen door een ijskoude wind op onze wangen of gloeiendhete tegels onder onze voeten. Pijn, genot, trauma en lijden zijn belichaamde gemoedstoestanden. We hebben niet simpelweg een lichaam; we zijn een lichaam. Dat is niet alles wat we zijn, maar we zijn onomstotelijk belichaamde schepsels. En als onze lichamen uiteenvallen, gebeurt dat ook met ons.

We worden ziek. We voelen ons vreselijk. Onze gedachten worden wazig. We zijn moe en voelen pijn – of zijn misselijk, waarbij we bijna niets anders voelen dan de grote aandrang van ons maag-darmsysteem. Menselijke kwetsbaarheid is niet slechts een idee. Het is even lichamelijk als een verbrande huid of een zere keel.

In dit gedeelte van het gebed spreken we niet over sterven – nog niet. We bidden simpelweg voor de zieken. En voor zieken is met name de nacht heel zwaar.

Om te beginnen voelen we ons slechter als de zon ondergaat. Het is niet slechts perceptie waardoor het lijkt of we 's nachts zieker worden. Ziekte piekt echt in de nacht. Ons immuunsysteem heeft zijn eigen dag-en-nachtritme en de ontsteking in het lichaam neemt toe in de nacht, wat bijdraagt aan onze genezing.[1] Maar ondertussen voelen wij ons beroerd. (De kinderarts van mijn kinderen vertelde me dat het lichaam van kinderen weet wanneer de dokterspraktijk sluit en wacht tot dat moment met een plotselinge koortsstijging.)

Als ik ziek ben of zorg voor iemand anders die ziek is, vrees ik het vallen van de avond. De zorg voor een ziek kind door een lange, donkere nacht heen, de uren tellend tot de morgen, gaat gepaard met een onmiskenbare vorm van uitputting en bezorgdheid. En als ik zelf ziek ben versterkt het donker mijn rusteloosheid en eenzaamheid. Ziekte isoleert ons, en 's nachts, als we vanwege al het hoesten of overgeven of de pijn niet kunnen slapen, worden we, vaak alleen, geconfronteerd met ongeëvenaarde ellende.

Op grote en kleine manieren dragen we de kwetsbaarheid mee in onze huid en cellen, en daarom bidden we voor de zieken. Wat is er veel variatie in die groep – we denken aan een gewone verkoudheid, maar ook aan kanker, gedoe vanwege sushi die over datum waren, een geval van ebola.

Singer-songwriter David Wilcox heeft een briljante kleine woordschildering waarin hij een verkoudheid beschrijft als 'een stopteken krijgen van de man met de zeis voor een waarschuwing'.[2]

Ziekte is – net als slaap en de nacht zelf – een extra teken van onze sterfelijkheid. De kerk heeft lang gesproken over ziekte als 'de dienstmaagd van de dood', een oefening in onze onvermijdelijke aftakeling.[3] Het is een ongevraagde herinnering, hoe groot of klein ook, aan onze beperkingen als schepselen, onze kwetsbaarheid, onze toekomstige ondergang.

> *De kerk heeft lang gesproken over ziekte als 'de dienstmaagd van de dood', een oefening in onze onvermijdelijke aftakeling.*

Het Latijnse woord dat ten grondslag ligt aan het woord *humaan* (*humanus*) en het woord voor *aarde* of *grond* (*humus*) hebben dezelfde taalkundige wortel. We zijn geschapen uit de aarde, uit het stof.

Het woord nederigheid (*humility* in het Engels) heeft dezelfde wortel. Ziekte is in de kern heel vernederend. Onze lichamen herinneren ons eraan dat wij allemaal borrelende ketels vol vaste en vloeibare stoffen zijn. We zijn in de verste verte niet onoverwinnelijk. We worden zwak geboren en we blijven heel ons leven zwak.

Hoofdpijn, misselijkheid, duizeligheid, oorpijn – al die dingen openbaren iets wezenlijks over ons. Niet alleen dat we op een dag zullen sterven, maar dat we ook nu al beperkt zijn. Ons leven wordt begrensd door onze kwijnende vermogens. Door ziekte worden we eraan herinnerd dat niemand van ons de baas is over zijn eigen bestemming, de onderhouder van zijn eigen leven.

In 2017 mocht ik vanwege zwangerschapscomplicaties maandenlang maar weinig doen. Ik kon niet gaan wandelen of winkelen of verhuisdozen uitpakken. Ik had het gevoel alsof mijn lichaam me van het veld had gefloten en op de bank gezet.

De vereiste passiviteit maakte me depressief. Ziekte zorgt voor verveling. We zijn gemaakt om ons goed te voelen, te bewegen, te rennen, de wind op ons gezicht te voelen, en als we aan de zijlijn van dit alles staan, verzet de werking van ons lichaam zelf zich. We komen snel in een neerwaartse spiraal terecht.

Ziekte is ook enorm frustrerend. Mijn lichaam – dat me zo veel vreugde bracht, dat mij baby's ter wereld deed brengen en guacamole liet proeven en zwemmen in de koude Ierse zee – liet me nu in de steek. Ik was gewend geraakt aan het grote voorrecht dat dingen binnen in mijn lichaam op de juiste wijze werkten. Ik kon dingen voor elkaar krijgen. Ik kon werken, aan de verwachtingen voldoen, dingen van mijn to-dolijst strepen. En toen opeens kon ik dat niet meer en werd mijn eigen lichaam een obstakel. Ik moest werkafspraken afzeggen en vrienden vragen om mijn kinderen op te halen bij school.

Toen ik niet langer kon doen wat ik wilde, was alles wat overbleef wie ik was, zonder versiersels, zonder glans of productiviteit. Vernederend.

Maar deze vorm van vernedering maakt ons menselijk. Het zien van onze broosheid en beperkingen leert ons om mens te zijn.

Onze cultuur verzet zich vaak tegen deze les. Zwakheid wordt niet getolereerd. In oktober 2019 publiceerde Robert Half een artikel met de titel 'Are your Co-Workers making you sick?' Op dat moment gaf zeventig tot negentig procent van de Amerikanen aan dat ze ziek naar hun werk gingen. Een derde van de Amerikanen zei dat ze nooit een werkdag misten, hoe slecht ze er lichamelijk ook aan toe waren.[4] Vijfenvijftig procent van de werknemers gaf aan dat ze zich schuldig voelen als ze zich ziek melden.[5] Het merendeel van de werknemers zei dat ze doorgingen met werk ondanks hun ziekte omdat ze te veel werk te doen hadden om thuis te kunnen blijven. We zijn simpelweg te druk om lichamen te hebben die ons soms in de steek laten. Menselijke kwetsbaarheid is, zo blijkt, ergerlijk ongemakkelijk.

Werknemers gaan ook ziek naar hun werk omdat ze niet voldoende ziekteverlof hebben of omdat hun baas ook ziek naar zijn werk gaat en ze niet voor hem onder willen doen. We hebben hele hr-systemen gecreëerd en bedrijfsculturen die berusten op onze gezamenlijke bereidheid om de beperkingen van onze lichamen te negeren.[6] Maar een verzet tegen de beperkingen van lichamelijkheid maakt ons alleen maar zieker, zowel lichamelijk als geestelijk. We verspreiden niet alleen onze ziektekiemen, maar we verspreiden een ongezonde gewoonte van het ontkennen van onze zwakheid. Als het respecteren van onze grenzen ons menselijk maakt, dan is een cultuur die grenzen weigert in zichzelf ontmenselijkend.

We willen onvervangbaar zijn, tot alles in staat en onverwoestbaar. Maar we zijn menselijk, geschapen uit stof. Het omhelzen van deze waarheid over onszelf is de vorm van vernedering die vrijheid schept.

Als ons vermogen om prestaties te leveren, om ons te meten aan anderen, om dingen voor elkaar te krijgen, ons in de steek laat, leren we God kennen. Ziekte daagt ons uit om te omhelzen dat we geliefd zijn, exact omdat het ons ontdoet van iedere illusie die we hebben over onze eigen onoverwinnelijkheid en waarde.

De gezegende vernedering van ziekte is niet alleen lichamelijk, maar ook geestelijk. Onze illusies van vroomheid kunnen vernietigd worden door een geval van kiespijn.

Als onze lichamen ons in de steek laten, dan geldt hetzelfde voor onze wil. Als deugdzame gewoonten – medelijden, vriendelijkheid, zachtmoedigheid – zich niet diep in ons genesteld hebben, als ze ons karakter niet helemaal doordrongen hebben, dan laat ziekte zien hoezeer we nog moeten groeien. Als ik me duf voel of uitgeput of koortsig, dan snauw ik mijn kinderen af, verval ik gemakkelijk in wanhoop, ga ik helemaal op in de slachtofferrol, en geef ik heel weinig om anderen. Veel van wat vriendelijkheid lijkt of geduld of heiligheid in mijn leven vindt zijn brandstof in een goede gezondheid, energie en eenvoudige pleziertjes. Als die dingen me worden afgenomen, blijk ik uiteindelijk helemaal niet zo vriendelijk of geduldig te zijn. Ik had gewoon geen last van mijn rug.

> *Het is duidelijk dat ik uiteindelijk helemaal niet zo vriendelijk of geduldig ben. Ik had gewoon geen last van mijn rug.*

In *The End of Suffering* schrijft Scott Cairns over de ontmoeting met een monnik die aan kanker zou overlijden en die tegen hem zei: 'Het paradijs is vol mannen en vrouwen die gered zijn door kanker.'[7]

Niet dat kanker zelf iets is waar je blij mee kunt zijn. Ziekte is niet zoals de dingen zouden moeten zijn en we hoeven niet te doen alsof dat anders is. Maar als we er ruimte voor geven, kan onze lichamelijke kwetsbaarheid ons laten zien wie we zijn en ons leren om het uit te schreeuwen tot God (soms kreunend, soms kotsend). We ontdekken dan dat God ons exact daar ontmoet waar we niets te bieden hebben.

Vroeger noemde de kerk ziekte een kans – hoe onwelkom ook – om te groeien in berouw en deugdzaamheid. Daarom kan een oude monnik zeggen dat kanker levens redt. Dit betekent niet dat ziekte een gevolg is van onze zondigheid of dat gezondheid een gevolg is van onze deugdzaamheid, maar dat we door deze specifieke vorm van belichaamd lijden zwak genoeg gemaakt worden om opnieuw gevormd te worden. De zeventiende-eeuwse predikant Jeremy Taylor schreef: 'Er is niets wat ziekte op welke manier dan ook ... verdraaglijk kan maken, behalve de genade van God: die ... verandert het in deugdzaamheid.'[8] God geniet er niet van om kanker te sturen of aften, maar de kerk heeft altijd gezegd dat ziekte reinigend kan zijn omdat God ons ontmoet in de gebrokenheid van ons lichaam en zelfs die gebrokenheid bruikbaar maakt.

Cairns vertelt hoe zijn vader door kanker van een man die 'snel ongeduldig was' en 'snel boos' veranderde in iemand die 'opvallend kalm, liefdevol en heel rustig was – echt een man van gebed'.[9] Zijn vader overleed aan kanker, maar de kanker redde zijn leven.

Ik vraag me af of we diezelfde genade ook zouden kunnen ontvangen bij kleinere probleemsituaties. Als kanker een leven kan redden, kan God dan ook niet gevonden worden in de meer alledaagse misère van verstuikte enkels en maagproblemen? Wellicht zijn deze kleine 'waarschuwingen van de man met de zeis' niet louter verveling die we moeten verduren, gaten in onze goedgeplaveide wegen van succes en autonomie, maar in plaats daarvan een manier om ons lichaam te vormen in realiteitszin. Kunnen onze longen en tenen en rimpels ons iets leren over menselijkheid en nederigheid? We zijn broos. Niemand van ons is de som van onze eigen prestaties. Wij zijn allemaal schepsels die stinken en opzwellen en slijten en we zijn volkomen geliefd. Dat te weten brengt vrijheid.

Ik heb al zo'n twintig jaar last van chronische migraine.[10] Ik voel het aankomen, eerst langzaam. Een vermoeid vaag gevoel komt binnenrollen: een voorteken. Vervolgens neemt de pijn toe, scherp en ijzig. Hij grijpt de rechterkant van mijn lichaam. Dan de misselijkheid. Ik krijg het heet, vervolgens ijskoud, dan weer heet. Ik zweet en kreun en val neer op mijn bed. Licht steekt en geluid brult, hamerend op de binnenkant van mijn schedel. Door de pijn vervaagt al het andere. Er zijn jaren geweest waarin mijn migraineaanvallen afnamen. Maar er zijn ook jaren geweest waarin ze het landschap van mijn leven domineerden, mijn familieleven en werk ontwrichtten en ervoor zorgden dat ik iedere maand ongeveer een week bijna niets kon doen.

De migraine is het grootste deel van mijn leven een zich herhalende ontmoeting met een belichaamde theodicee geweest – een manier waarop halsoverkop (nogal letterlijk) tegen mijn eigen probleem van lijden aanbots. Als ik me goed voel, vraag ik God niet waarom hij toestaat dat ik zo veel last van migraine heb. Ik weet dat ik dat niet kan weten. Maar in de ergste momenten van pijn heb ik gekreund: 'Waarom, Jezus? Waarom neemt U dit niet weg? Waarom kan ik niet beter worden?' Het is een huilen naar de maan, een dier dat vastzit in een val en jankt, een smeekbede tot een duistere hemel.

Maar ik kan ook zeggen, zonder te liegen, dat ik geschenken heb ontvangen door deze specifieke ziekte. Chronische pijn heeft me verbonden met mijn lichaam en zijn ritmen en beperkingen op een manier die ik anders nooit zou hebben geleerd. Ik houd van de wereld der gedachten en ik kan mijn lichaam gemakkelijk volledig negeren. Maar chronische pijn heeft me geleerd om te leven in mijn huid en botten, met alle vreugde en verdriet die dat met zich meebrengt. Ik heb moeten leren om te zorgen voor mijn lichaam. Ik heb ook moeten leren om de zorg van anderen te ontvangen, wat mij vervolgens heeft geleerd om naast anderen te zitten in hun pijn zonder die te proberen op te lossen. Mijn chronische migraines zijn een gewone, soms wekelijkse, oefening in naast God zitten in letterlijke duisternis en pijn.

Maar ik moet voorzichtig zijn als ik deze verborgen zegeningen van chronische pijn opsom. Want als ik heel eerlijk ben heb ik het er niet allemaal voor over. Als ik een klein beetje zelfkennis of empathie of verbinding met mijn lichaam of met het mysterie van het lijden kon ruilen voor het verdwijnen van de migraines – en vooral ook zodat mijn man en kinderen niet hoefden omgaan met mijn ziekte – dan zou ik dat zeker doen. Maar het christelijke verhaal daagt me uit om te geloven dat er zegening ligt in het feit dat ik niet over deze dingen ga. Ik bepaal niet hoe ik (of mijn man en kinderen) geheiligd of veranderd worden. We kunnen niet kiezen voor ons voorkeurskruis of onze voorkeursopstanding.

Ik kan slechts geloven dat het goed is dat ik mijn eigen levenspad niet uitstippel, als ik geloof dat God zelf naar mij op zoek is te midden van de problemen. God is geen masochist die geniet van onze pijn of zwakheid, maar een bouwer wiens genade zelfs gevonden wordt in het brandwondencentrum, bij de neonatologie en in de spreekkamer van de dokter. Ik kan geloven dat God goed is, omdat God zelf een weg van lijden koos die niemand van ons ooit zou kiezen – en Hij ging deze weg in een menselijk lichaam, als een schepsel van stof.

Als we willen groeien in heiligheid, nederigheid en vrijheid, dan is ziekte een bereidwillige onderwijzer. Toch vindt deze vorm van groei niet automatisch plaats. Door veel oefening moeten we leren om God aan het werk te zien, zelfs in onze gebrekkige lichamen.

Misschien vragen we daarom God in dit gebed om te 'zorgen' voor de zieken. We vragen God niet simpelweg om de zieken te *genezen* – hoewel we zeker vaak bidden om genezing in andere gebeden. Hier bidden we echter om zorg.

Zorg impliceert elkaar dienen, elkaar in het oog houden,

voorzien in elkaars noden. Het vereist zorg, aandacht en medeleven. We willen natuurlijk genezing en de Schrift leert ons om te bidden voor genezing (Jakobus 5:14). Zorgen kan zeker ook genezen betekenen. Maar we vragen hier om meer dan dat God simpelweg komt als dokter en de zieke beter maakt. Dit gebed heeft de durf om te vragen of de God van het universum zich naar ons toebuigt om ons niet alleen te genezen maar ook voor ons te zorgen, ons te verplegen in onze minst indrukwekkende toestand. We hebben het nodig dat God heelheid brengt voor onze ziel, zelfs door de gebrokenheid van ons lichaam heen.

Dit gebed daagt ons uit om te geloven dat er iets is wat we meer nodig hebben dan gezondheid. Om God zoiets miserabels en waardeloos als ziekte te laten gebruiken om er schoonheid uit te scheppen, hebben we meer nodig dan enkel genezing. We hebben liefde nodig.

De bron van het werkwoord 'zorgen voor' ('*to tend*', Engels) en het bijvoeglijknaamwoord 'teder' ('*tender*', Engels) hebben dezelfde oud-Franse stam, die letterlijk 'uitstrekken' betekent. We doen een beroep op de tederheid van God – dat de schepper van het heelal zich uitstrekt om ons te bereiken, te midden van bloed, snot of kots.

Als we ziek zijn, voelen we de aftakeling van ons leven in ons pijnlijke lichaam, het verlies van uren die voorbijgaan, het verlies van onze kracht. Als we aan onszelf waren overgelaten zou er niet meer zijn dan dat: verlies. Maar God laat niets verloren gaan. We stinken. We zien er verschrikkelijk uit. Ons lichaam zelf heeft ons in de steek gelaten. We moeten verzorgd worden. En we hebben niets te bewijzen, niets om aan te voldoen, geen prestaties nodig. We kunnen God toestaan om ons te verzorgen.

We ontvangen ons lichaam als geschenk van God. Dat valt moeilijk te geloven als we onze tijd doorbrengen met het tellen van gebreken of het totaal negeren daarvan.

Ziekte herinnert ons eraan hoe bijzonder het is om een lichaam te hebben dat werkt. In het geschenk van een lichaam krijgen we zo veel meer dan ons verschuldigd is. We krijgen het voorrecht om te lopen, te groeien, te eten, ouder te worden en te lachen. Tegen de tijd dat we volwassen zijn, zijn de meesten van ons honderden keren ziek geworden en hersteld. Gebeden om genezing klinken vaak te midden van ernstige ziekte en crisis. Maar zelfs genezing van kleine problemen – de gewone verkoudheid of een splinter in onze vinger – is een wonder waarbij talloze systemen in ons lichaam betrokken zijn in een subtiele dans. En vaak gebeurt het zonder onze bewuste hulp.

Ik kan me de duizenden keren niet herinneren dat ik kougevat had of mijn duim brandde aan de oven of mijzelf sneed terwijl ik mijn benen schoor. Dat betekent dat ik me ook niet herinner hoe vaak ik al genezen ben. Elk jaar van mijn leven heb ik te maken gehad met verstoppingen, darmproblemen, hoofdpijn en bijholteontstekingen. Telkens ben ik hersteld. En dit geschenk van gewone genezing is zo alledaags dat we het nauwelijks zien.

Menselijke lichamen zijn fantastisch. Het is een wonder, een alledaags mirakel dat onze gewrichten (grotendeels) soepel blijven en onze longen blijven ademen, decennium na decennium – voor sommigen van ons ver nadat de garantie verlopen is. Het menselijk lichaam is spectaculairder en ingewikkelder dan wat ook ter wereld. Maar we merken er bijna nooit iets van. We nemen het voor lief tot het niet functioneert. Pas dan vangen we een glimp op van de overvloedige genade die te vinden is tijdens een gewone week met een functionerend lichaam.

Velen van ons – niet allen – hebben momenten gekend waarop ons lichaam werkte zoals het moest. We hebben de oceaan geproefd op onze lippen, de vervoering gekend van een volmaakt rijpe perzik, de gelukkige spierpijn gevoeld van het beklimmen van een bergtop. Ziekte, zowel onbeduidend als ernstig, is een aantasting van de glorie waar we voor gemaakt zijn. De welige smaak van het leven wordt vervangen door de schrale tl-verlichting van een ziekenhuiskamer of de grauwheid van een uitputtende dag in bed.

Als we dus God vragen in ons gebed om te zorgen voor de zieken, dan bidden we dat God zijn tederheid, en zelfs zijn overvloed, schenkt in deze specifieke vorm van menselijke aftakeling.

Maar als we bidden voor de zieken bedenken we ook voor welke glorie we gemaakt zijn. We roepen in herinnering dat onze gezondheid een geschenk is. We kunnen het niet verdienen. Onze gezondheid fluctueert. Hoe goed we ons ook voelen, uiteindelijk zal dat voorbijgaan. Maar we ontvangen onze lichamen, iedere dag opnieuw, in dankbaarheid. Daarin proeven we de val, dat de dingen gebroken zijn en nog niet vernieuwd. De man met de zeis zet ons stil voor een waarschuwing.

Maar onze lichamen zullen eeuwig gemaakt worden. Ze zullen verrijzen uit het stof, met de stevigheid van vlees, hun heerlijkheid zal nooit meer verminderen. In de goedheid van ons lichaam proeven we dus ook de belofte van de hemel. In de tussentijd hangt ons vlees en bloed tussen onze nederlaag en onze redding, tussen val en opstanding. We vangen er een glimp van op in onze cellen. En in deze spanning en onzekerheid leren we te kreunen tot God in onze kwetsbaarheid, onze trillende handen opheffen naar God als we geen woorden hebben, God ontmoeten in onze bijholten en huid. We leren te bidden tot de God die voor ons zorgt.

8

Geef rust aan vermoeiden

Zwakte en stilte

Vermoeid is een zwaar woord. Het roept zware oogleden op en pijnlijke gewrichten, afgematte gezichten van mensen die te veel te dragen hebben. Echte vermoeidheid is een staat van zowel lichaam als ziel. Het gezwollen gezicht van de vrouw die zich helemaal leeggehuild heeft. De opgebrande man die zich op de bank laat vallen na een zware dag. Het echtpaar dat talloze rondjes heeft gelopen en vast blijft zitten in dezelfde impasse.

We kennen het verschil tussen een voldane vermoeidheid na een goede dag werken en een drukkende vermoeidheid, als de hardheid van het leven als een loden last op ons weegt. Het boek Prediker noemt dat laatste 'vermoeiing voor het vlees' (Prediker 12:12 SV'77). Het gaat gepaard met troosteloosheid, bezorgdheid, en de diepe zucht van wanhoop.

In dit gebed vragen we God om rust te geven aan vermoeide mensen zoals Jezus beloofde te doen. In iedere anglicaanse gebedsdienst lezen we de Schrift. In de completen vinden we een citaat van Jezus, toen hij de menigte toesprak en zei: 'Kom naar Mij, jullie die vermoeid zijn en onder lasten gebukt gaan, dan zal Ik jullie rust geven. Neem mijn juk op je en leer van Mij, want Ik ben zachtmoedig en nederig van hart. Dan zullen jullie werkelijk rust vinden, want mijn juk is zacht en mijn last is licht' (Matteüs 11:28-30).

Jezus roept de vermoeiden tot zich. Hij roept niet de onafhankelijke mensen, en ook niet de mensen met de juiste religieuze papieren of de volmaakte instagramwaardige levens.

Hij roept mensen die uitgeput zijn van hun zwoegen, van de dag door zien te komen. Hij roept wie gebukt gaat onder een zware last, wie terneergedrukt wordt door zonde en zorgen. Tegen hen, niet tegen de zelfverzekerde succesvolle mensen, zegt Jezus: 'Kom naar mij.'

Zo'n tien jaar geleden, toen het anglicanisme nog nieuw voor me was, knielde ik op Aswoensdag bij het altaar terwijl broeder Thomas, mijn priester, een zwart kruis op ieder voorhoofd smeerde. 'Bedenk dat je stof bent en tot stof zul je terugkeren,' reciteerde hij, terwijl hij het schoolmeisje dat naast me knielde het kruisje gaf. Ik hoorde hoe ze zich tot haar moeder wendde en fluisterde: 'Ziet mijn askruisje er goed uit?'

Nog steeds geknield, begon ik te lachen. Want natuurlijk zag het er niet goed uit. Ze had een grote zwarte veeg midden op haar voorhoofd. Zoiets kan er op geen enkele manier goed uitzien.

Maar ik lachte ook omdat haar vraag mijn eigen hart blootlegde.

Ik weet dat ik beperkt ben. Ik weet dat ik stof ben en terugkeer tot stof. Ik draag kwetsbaarheid, vermoeidheid en sterfelijkheid. Ik draag zonde, zelfzucht en strijd met me mee. Maar weet je, ik wil er nog steeds goed uitzien.

Ik wil doen alsof alles nog steeds prima gaat. Ik heb het allemaal op een rijtje. Het is een goed geoefende schijnvertoning. Ik ben een meisje van tien met een grote, zwarte veeg op mijn gezicht, dat toch hoopt door te gaan voor best cool.

> *Ik ben een meisje van tien met een grote, zwarte veeg op mijn gezicht, dat toch hoopt door te gaan voor best cool.*

Ik houd van mijn kerk, maar lange tijd had ik een hekel aan de website van onze gemeente en probeerde ik het bestaan ervan geheim te houden (wat natuurlijk ingaat tegen de reden om een website te hebben). Mijn grootste bezwaar was dat er in grote letters op de homepage stond: 'Wij dienen God met onze krachten en vinden genade voor onze zwakheden.' Zo zien we het christelijk leven soms. God glimlacht om onze krachten, onze vermogens, onze talenten voor goedheid en schoonheid. En vervolgens worden, dankzij genade, al onze verduivelde onvolmaaktheden onder het tapijt geveegd.

Maar het goede nieuws van Jezus is niet dat we een lintje krijgen voor het feit dat we het allemaal op een rijtje hebben en hopen dat God onze fouten negeert. We dienen God niet alleen met onze krachten, maar ook met onze zwakheden.

God zei tegen Paulus: 'Je hebt niet meer dan mijn genade nodig, want kracht wordt zichtbaar in zwakheid' (2 Korintiërs 12:9). Daarom zegt Paulus dat hij zal roemen in zijn zwakheden. Vervolgens verliest hij bijna alles en zegt hij dat hij vreugde zal scheppen in zwakheden, in beledigingen, in nood, vervolging en ellende, omdat uitgerekend op de plek van onze zwakheid God sterk is. Ik vraag me af wat Paulus op zijn website zou zetten. Misschien dit: 'We dienen God in onze zwakheden en ontvangen genade voor al onze verduivelde krachten.'

Tijdens mijn studie bekende mijn beste vriend zijn meest geheime zonde aan onze pastor. Terwijl hij bij hem op de diepe veranda zat, vertelde hij tegen hem waar hij zich het meest voor schaamde. Vervolgens zei mijn pastor iets wat mijn vriend volkomen veranderde: 'We hebben je nodig in onze kerk, niet ondanks je worsteling, maar dankzij je strijd.' De zwakheid en zonde in het leven van mijn vriend – en zijn voortdurende verhaal van bekering en heling – was de plek waar God het meest gezien en gekend kon worden, waar God zichzelf door het leven van mijn vriend kon laten zien aan de rest van ons.

We komen allereerst naar de kerk omdat we weten dat we hulp nodig hebben. Rich Mullins schreef:

> Ik heb nooit begrepen waarom kerkgang je een hypocriet maakt ... want niemand gaat naar de kerk omdat hij volmaakt is. Als je het allemaal voor elkaar hebt, hoef je niet te gaan. Je kunt op zondagmorgen gaan hardlopen met alle andere volmaakte mensen. Elke keer als je naar de kerk gaat, belijd je weer aan jezelf, je gezin, de mensen die je tegenkomt onderweg, de mensen die je zullen groeten, dat je het niet allemaal voor elkaar hebt. Dat je hun steun nodig hebt. Je hebt hun aanwijzingen nodig. Je hebt het nodig om verantwoording af te leggen aan anderen, je hebt hulp nodig.[1]

Degenen die Jezus de vermoeiden noemt, mensen die na een lange dag uitvallen tegen hun geliefden, die vechten tegen verslaving, die niet zijn zoals ze zouden willen zijn, die weten dat ze niet sterk zijn, die vechten en zich bekeren, die keer op keer falen. Dit is de kerk, de mensen door wie Jezus zijn kracht toont.

Laat dit duidelijk zijn, ik bedoel niet dat God verheerlijkt wordt in onze gemaakte kwetsbaarheid. Het is tegenwoordig een trend om online overdreven onvolmaaktheid tentoon te spreiden. Slordigheid kan onderdeel worden van ons persoonlijke handelsmerk. We houden niet van mensen die het allemaal te goed voor elkaar lijken te hebben, en daarom doen veel christelijk leiders hun best om ons zo goed mogelijk te laten zien hoe 'slordig' ze zijn. Maar het is allemaal zo gemaakt. Onze echte zwakheden zullen nooit een aanbeveling zijn. Het zijn die dingen waar alleen de mensen die ons het meest nabij zijn weet van hebben en die we liever vergeten – of die we misschien zelfs niet van onszelf kennen. Het zijn die dingen waarover we nooit iets zeggen in een sollicitatiegesprek en waarover niemand (hopelijk) iets zal zeggen bij ons graf.

Een van mijn favoriete citaten uit een film is Lester Bangs bekentenis in *Almost Famous*: 'Het enige echte betaalmiddel in deze failliete wereld is wat je deelt met iemand anders als je niet cool bent.'[2] Als het delen van onze onvolmaaktheden ons cooler en beter benaderbaar maakt, dan zijn het geen echte zwakheden. De dingen waarin we echt fout zitten zijn beschamend en ongemakkelijk. Ware kwetsbaarheid is te teer om toe te vertrouwen aan een ander, behalve aan diegenen die het meest van je houden. Als we dit deel van onszelf delen met onze gemeenschap dan heelt dat ons, maar het zal ons imago nooit verbeteren. We zijn echt mislukkelingen – en niet op een schattige manier, maar op een verdrietige en vaak vernederende manier. De as op ons voorhoofd ziet er niet goed uit.

Niemand kan echt ziek zijn en tegelijk heel cool. Vraag dat maar aan een verpleegster in het ziekenhuis. Als onze gezondheid ons in de steek laat, verzwakken de sterksten onder ons zo dat ze behoeftig zijn als baby's. Zo openbaart ook vermoeidheid, als het erop aankomt, ons ware, meest kwetsbare zelf.

De heilige Isaak de Syriër heeft gezegd: 'Gezegend is de man die zijn eigen zwakheid kent, want het bewustzijn hiervan vormt het fundament en de aanvang van alles wat goed en mooi is.'[3] Onze kracht is wankel en we worden moe. Deze ervaring van kwetsbaarheid kan pijnlijk zijn, maar als we die omhelzen is die ook heilzaam. Sterker nog, het kan de basis zijn die God gebruikt om ons te brengen bij de waarheid over wie we zijn en wie Hij is.

Vreemd genoeg roept Jezus de vermoeiden, als Hij ze uitnodigt om te rusten, ook op om een juk op zich te nemen – een hulpmiddel dat wordt gebruikt bij werk, niet bij rust. Het zou logischer zijn geweest als Jezus had gezegd: 'Ik zal je rust geven. Neem mijn warme deken op je.' Of misschien een kussen, of een bubbelbad, of een dagje vrij. Maar Jezus biedt de vermoeiden rust – en een juk.

In het oude Nabije Oosten waren het niet alleen de dieren die een juk droegen. Bepaalde mensen droegen ook een juk op hun schouders om zware lasten te dragen. Hun handen grepen kettingen of touwen om te helpen tillen. Maar alleen de armste mensen deden dit soort werk. Jezus roept een krachtig beeld op

– een arbeider die zweet onder de zon, zijn nekspieren gespannen, zijn lichaam breekt bijna onder de last.[4] Jezus zegt niet dat hij dit juk zal verwisselen voor een luxueus resort of een vakantieprogramma. Hij biedt zijn volgelingen een ander juk – zijn juk. En hij zegt dat dit juk zacht en licht is.

Een juk staat voor heerschappij of gezag. Als je een juk opneemt, onderwerp je je aan iemand. In dit gedeelte nodigt Jezus ons uit om ons te onderwerpen aan zijn heerschappij en 'van Hem te leren'. In onze vermoeidheid worden we geroepen tot rust, maar we worden ook geroepen om te leren, om ons te laten onderwijzen door degene die gezag over ons heeft. Als we leren van degene die 'zachtmoedig en nederig is', zullen we rust vinden voor onze ziel.

Er is geen optie zonder een juk. Mij lijkt het beter als de vermoeiden helemaal geen juk meer hoeven dragen, maar Jezus wijst er in plaats daarvan op dat alle mensen een juk dragen, dat het onmogelijk is om niet het juk te dragen van iets of iemand.[5] Het kan het juk zijn van de religieuze wet en nauwgezette godsdienstigheid. Het kan ook het juk zijn van onze verlangens en passies, zo krijsend en uitputtend als een pasgeboren baby. Het is wellicht het juk van culturele normen en uitgangspunten, het water waarin we zwemmen.

Jezus roept de vermoeiden niet op om hun eigen weg te gaan – dat zou inderdaad een zwaar juk zijn – maar om zich te onderwerpen aan Hem en van Hem te leren, om zijn juk op zich te nemen.

Maar waarom is Jezus' juk licht? Is het licht omdat Hij belooft dat alles goed zal gaan met ons? Dat Hij, als wij ons aan onze afspraken houden – als we brave leerlingen zijn - al onze dromen zal verwezenlijken, en we dan een goed leven zullen hebben? Dat we een gelukkig huwelijk zullen hebben? Dat we kinderen zullen krijgen? Dat we een roeping zullen vinden waarvan we genieten? Dat we gezond zullen zijn? Dat we niet vergeten zullen worden als we gestorven zijn?

Nee. Hij roept ons tot een licht juk, maar Hij roept ons ook op om ons kruis op te nemen. Hoe kan dezelfde persoon ons zowel tot een licht juk oproepen als een kruis?

Jezus' juk is niet licht omdat Hij gemak of succes belooft, maar omdat Hij belooft om onze lasten met ons te dragen. Hij belooft om zijn schouders te zetten onder onze last.[6]

Toen ik nog studeerde ontmoette ik een zendelinge uit Ierland. Ze stelde me een eenvoudige vraag die mijn leven veranderde. Ik vertelde haar over mijn vermoeidheid, mijn strijd en twijfel. Ze luisterde aandachtig en vroeg me toen: 'Is Jezus genoeg?'

Toen het niet ging zoals ik wilde, toen God ver weg leek, toen al mijn levensplannen in duigen vielen - was Jezus toen nog steeds genoeg? Of zocht ik in plaats daarvan Jezus *en* succes, Jezus *en* geluk, Jezus *en* een vruchtbare bediening? Keer op keer in mijn leven, als ik geconfronteerd werd met bittere teleurstelling, als ik bang was voor wat er om de bocht van de weg kwam, als ik faalde, als ik gekwetst werd door iemand die ik vertrouwde, als God niet deed wat ik wilde dat hij deed, moest ik terugkeren naar die vraag.

Jezus belooft niets meer en niets minder dan zichzelf. Hij zal met ons onder het juk gaan en nooit van onze zijde wijken. Hij zal het gewicht dat we dragen niet wegnemen, maar Hij zal het met ons dragen. God is ons niets verschuldigd. Ieder geluk, succes of vervuld verlangen is een geschenk dat we in dankbaarheid mogen ontvangen. Het is een opsteker.

> *God belooft ons simpelweg zichzelf. Hij weigert het doel te zijn van welke andere middelen dan ook.*

God belooft ons simpelweg zichzelf. Hij weigert het doel te zijn van welke andere middelen dan ook. Door zijn genade kunnen we proeven van het eeuwige leven, dat door de Schrift niet wordt gedefinieerd als in de hemel komen of onze dromen in vervulling zien gaan maar als het kennen van de ware God en de ene die Hij gezonden heeft (Johannes 17:3). Dat is de belofte: we kunnen God kennen. Graag of helemaal niet.

Is Jezus genoeg?

Als we onszelf misleiden en denken dat we met eigen kunnen en wilskracht een gebedsleven kunnen onderhouden, zal vermoeidheid onvermijdelijk de ballon van eigenwaarde doorprikken. Als ik moe ben, dan is bidden het zwaarst. Geestelijke discipline vereist energie, en door uitputting verandert vastbeslotenheid in lusteloosheid.

Als onze kracht verdampt, als we kapot zijn, kunnen we vaak geen gevoelens van vurig geloof optrommelen of woorden tevoorschijn toveren voor gebed. Daarom is vermoeidheid bijna een eerste vereiste om te leren rusten in God.

Daarom leer ik in tijden van vermoeidheid om op een nieuwe en andere manier te bidden.

Ik heb altijd gehouden van woorden, en daarom houd ik ook van woordelijke gebeden.

Pas aan het eind van mijn twintiger jaren, in een tijd van teleurstelling en verdriet, toen ik geen woorden meer had, leerde ik langzaam dat er meer te zeggen viel over gebed dan ik had geweten. Ik werd moe, mijn geloof wankelde en ik leerde om de gebeden van de kerk te ontvangen als mijn eigen gebeden. Ik leerde dat gebed een leermeester is, geen prestatie. Het is de brancard waar we op neervallen en naar de Genezer gedragen worden.

Toen ik in 2017 niets anders meer te zeggen had, wendde ik me tot de completen. Mijn lijf was doodmoe en mijn ziel afgemat, en ik kon het gebed slechts ontvangen als een geschenk.

Dat jaar steunde ik ook op andere oude manieren van bidden die minder vertrouwen op cognitieve en verbale vermogens.

Ik vond vooral troost in gebeden van stilte.

Theophanes de Kluizenaar, een negentiende-eeuwse Russisch-orthodoxe priester, beschrijft het stil gebed als volgt: 'Je moet afdalen van je hoofd naar je hart ... Zolang je nog in je hoofd zit, zullen gedachten gemakkelijk onderdrukt worden, maar toch altijd rondwervelen, als sneeuw in de winter of muggenwolken in de zomer.'[7] Deze muggenwolken – mijn woede en stress, mijn angst en twijfel, mijn onbeantwoorde vragen en uitputting – zoemen om me heen. Als ik woordeloos zit voor God schep ik ruimte voor het echte werk dat begint in mijn hart.

Niet dat 'help' of 'Heer, ik ben moe' geen goede gebeden zijn. God hoort en houdt zelfs van zulke gebeden. We hoeven niet te experimenteren met de gebeden van de kerk of oude gebedspraktijken om indruk te maken op God. Maar als we moe zijn, kan het helpen om onszelf vast te klampen aan wat vóór ons is geweest, de vaste gebedspraktijken die de kerk heeft overgeleverd om goed te bewaren, uitgerekend voor dit moment waarop we zelf niets meer kunnen.

In de christelijke spiritualiteit zijn er twee manieren om te beschrijven hoe we God kennen. De ene is kataphatisch, 'een actieve poging om God voor te stellen door het gebruik van je voorstellingsvermogen en emoties'.[8] Kataphatische spiritualiteit is de weg van de energie – de Schrift bestuderen, theologie leren, vrij gebed. Het is een vorm van atletiek van het christelijk leven, ijverig en enthousiast.

De andere manier is apophatische spiritualiteit, die stiller en minder assertief is. Bradley Holt schrijft in zijn boek *Thirsty for God: A brief history of Christian Spirituality* dat apophatische spiritualiteit 'je idee van God' ontdoet van 'alles wat onwaardig is'. Het is de *via negativa*, of de negatieve manier om God te benaderen, leren wie hij niet is, en het leidt tot 'een staat van volkomen passiviteit aan de kant van de mysticus.'[9]

Ik ben geen mystica – ik houd te veel van Margarita's, nacho's en uitslapen om ooit een mystica te worden. Maar ik heb geleerd dat ik, als ik geen kracht meer heb, opensta voor meer passieve en ontvankelijke vormen van gebed, die niet in de eerste plaats geleid worden door mijn verstand of gevoelens. Deze vormen van gebed leren me om te rusten in de ongrijpbare aanwezigheid van God.

In 2017 hunkerde ik intens naar stilte – en toch vermeed ik

die tegelijk. Ik vond gebeden van stilte aanlokkelijk en intimiderend tegelijk.

Er is weinig dat minder van ons vraagt dan simpelweg zitten in stilte, niets doen. Het is gebed voor de schipbreukeling die de taal van het geloof kwijt is. Het is in zekere zin makkelijk.

Toch is zitten in stilte een oefening in het toelaten van het mysterie. Het herinnert ons eraan dat de kracht van woorden en menselijk redeneren beperkt is, zelfs voor een vrouw die houdt van woorden en discussiëren.

> *Zitten in stilte is een oefening in het toelaten van het mysterie.*

Stilte gaf me de ruimte om mezelf eraan te herinneren dat mijn meest dringende geestelijke vragen niet noodzakelijkerwijs de vragen zijn die zullen blijven. Christen-zijn betekent dat we zitten in het mysterie, hoe ongemakkelijk ook, in iets waar we nooit helemaal de vinger op kunnen leggen of een naam aan kunnen geven. Per slot van rekening hebben we het hier over God, de maker van supernova's en zwarte gaten, protonen en papegaaiduikers.

Stilte leerde me ook om geduld te hebben met Gods stilte – om te blijven strijden om hem te vertrouwen als hij geen antwoord, teken of snelle oplossing gaf.

En als we te moe zijn om nog te bidden, dan bidt degene voor ons, die onze harten veel beter kent dan wij. 'De Geest helpt ons in onze zwakheid,' schrijft Paulus. De Geest van Hem die zegt: 'Kom naar mij' komt naar ons. 'De Geest helpt ons in onze zwakheid; wij weten immers niet wat we in ons gebed tegen God moeten zeggen, maar de Geest zelf pleit voor ons met woordloze zuchten. God, die ons doorgrondt, weet wat de Geest wil zeggen' (Romeinen 8:26-27). In onze zwakheid maakt de Geest van God ons niet tot mensen die alles kunnen of tot alles in staat zijn, winnaars in de loterij van het leven. In plaats daarvan bidt Hij voor ons. God treedt zonder woorden tussenbeide voor ons. In onze lange, donkere nachten weten we niet hoe we bidden moeten. Maar we kennen God, degene die voor ons bidt. En dat is genoeg.

9

Zegen de stervenden

As

In deze tijd hebben veel mensen een cynische kijk op het gebed: mensen hebben een primitieve angst voor de dood en het oneindige duister, daarom vinden we een vaderfiguur uit of een 'toverfee' die voor ons zorgt (als wij ons tenminste houden aan onze kant van de overeenkomst door een deugdzaam leven te leiden).

Maar hier wordt bidden juist interessant. De hedendaagse notie dat gebed niets anders is dan een poging om te onderhandelen met een verzonnen god negeert het ongemakkelijke feit dat christenen altijd al hebben geweten dat God ons niet altijd onze zin geeft.[1] We vragen om genezing, geluk en bescherming terwijl we heel goed weten dat God, op z'n minst in het heden, bepaald niet optimaal presteert als het gaat om het inwilligen van onze verzoeken. Iedere christen op aarde heeft, als hij lang genoeg leeft, een verhaal als het gaat om het bidden (en bidden en bidden) voor iemands genezing of bescherming, terwijl diegene uiteindelijk toch sterft. Als we zelf een vaderfiguur bedacht hebben of een toverfee die ons volmaakt beveiligt en onze kussens iedere avond opschudt, nou, dan schiet hij behoorlijk tekort.

In de dienst voor het bezoeken van de zieken in het *Book of Common Prayer* uit 1549 vraagt de priester of Jezus de zieke wil genezen zoals Hij Petrus' schoonmoeder genas en Jaïrus' dochtertje. Vervolgens maakt hij een draai van honderdtachtig graden en vraagt of de zieke wel een testament heeft gemaakt.[2] Dat noem ik nog eens pragmatisch!

Priesters vroegen om genezing in het volle vertrouwen dat God inderdaad kan genezen, maar in de zestiende eeuw stierven veel mensen die ziek werden, en dus waren ze op alles voorbereid. Dit staat in het officiële gebedenboek van de kerk. Dit waren geen gefluisterde twijfels van sceptici, maar het ging hier om onze collectieve theologische instructie: bid om wonderlijke genezing, en zorg dat het testament is opgemaakt. Zo blijkt dat men er generaties lang niet op vertrouwde dat God ervoor zorgde dat ons niets slechts zou overkomen. En toch heeft men generaties lang op God vertrouwd.

Hoe kan dat?

We bidden niet zoals mensen magie gebruiken. Gebed is geen magisch ritueel om een slapende God wakker te roepen. We bidden als een daad van hoop op Gods goedheid. We bidden omdat we geloven dat God, die ons geen veiligheid en gemak belooft, van ons houdt en voor ons zorgt. We bidden omdat ons leven deel uitmaakt van het grote verhaal van Gods reddingswerk. En we bidden tot een schepper die zelf de dood heeft geproefd.

Op Witte Donderdag, de donderdag in de stille week, komen anglicanen bijeen om Jezus' laatste avond op aarde te gedenken door elkaars voeten te wassen en het avondmaal te vieren.

Aan het einde van de dienst maakt de priester het altaar leeg en verwijdert alle versiering – de paarse doek, het linnengoed, de kandelaren – tot het leeg is voor in de kerk. Ik heb dit al op veel verschillende manieren zien gebeuren – plechtig, uitdrukkingsloos, bedrukt, onhandig. Mijn favoriete manier was toen mijn voormalig pastor, die uit de theaterwereld kwam en gevoel voor drama had, naar het altaar toe stampte en de altaarkleden eraf rukte. Hij leek een beetje op een tiener die zijn kamer moet schoonmaken, of een ontslagen werknemer die zijn bureau leegmaakt.

Hij deed dat met opzet: het ging erom dat heilige dingen behandeld werden alsof ze waardeloos zijn; het altaar toornig naderen in plaats van aanbiddend. Door het leegmaken van het altaar is de kerk niet langer het toonbeeld van de schoonheid van het Laatste Avondmaal, maar van het afschuwelijke lijden van Getsemane en Goede Vrijdag. De heilige Zoon van God werd behandeld als iets waardeloos. Hij werd uitgekleed, geslagen en bespuwd. We denken hieraan en beroven de kerk van ieder teken van leven.

We eindigen Witte Donderdag in duisternis. Alle lichten in het heiligdom worden gedoofd. Dan leest iemand in het donker Psalm 22: 'Mijn God, mijn God, waarom hebt u mij verlaten? U blijft ver weg en redt mij niet, ook al schreeuw ik het uit.' En toch eindigt deze Psalm, die zich een weg baant door zo veel kwelling heen – 'Maar ik ben een worm en geen mens'; 'Honden staan om mij heen, een woeste bende sluit mij in, zij hebben mijn handen en voeten doorboord' – in vertrouwen: 'Een nieuw geslacht zal hem dienen en aan de kinderen vertellen van de Heer; aan het volk dat nog geboren moet worden zal het van zijn gerechtigheid verhalen: hij is een God van daden.'

Jezus citeerde deze Psalm aan het kruis. En ieder jaar luisteren we naar die woorden – Jezus' gebed en ons gebed – bij een uitgekleed altaar, in totale duisternis.

In 2017 preekte ik tijdens onze dienst op Witte Donderdag. Daarna zat ik in een kamer naast onze kerkzaal en huilde, terwijl ik mijn snikken probeerde te onderdrukken. Ik was mezelf helemaal kwijt. Ik was bang dat ik mijn gemeenteleden zou afleiden terwijl ze daar zaten, in het donker alles overdenkend, terwijl ze het gesmoorde gesnik van de priester in de kamer ernaast probeerden te negeren. Mijn gemeenteleden zien mij voortdurend huilen in de kerk, maar dit was anders – dit was een stroom van puur verdriet die diep uit mijn keel kwam.

Mijn tranen stroomden die avond omdat de kerk me eraan herinnerde, door een ritueel, door de psalm en door het duister, dat Jezus de dood had meegemaakt. Hij wist wat het was om te sterven. En ik niet.

De winter ervoor had ik me avond aan avond afgevraagd hoe het voor mijn vader geweest was om te sterven. Ik stelde me zijn laatste momenten keer op keer voor, vaker dan me lief was. Ik vroeg me af of hij geweten had wat er gebeurde. Hij had me gezegd dat we de volgende dag zouden praten. Wist hij dat die nacht zijn laatste zou zijn? Was hij bang? Was hij er klaar voor? Waren er dingen waarvan hij had gewenst dat hij er meer tijd voor had gehad om ze te zeggen? Deed het sterven pijn? Voelde het als slaap of als een strijd? Had hij God gezien? Wat zag mijn vader nu, na de dood? Wat wist hij of wist hij niet?

En wat me zo trof, en zowel schrik als troost met zich meebracht, was het besef dat de God die ik aanbid exact weet wat het is om te sterven. Hij weet wat de dood betekent voor mensen. Het is een ervaring waarvoor God zich niet te goed achtte om die te delen met mijn vader en met ieder van ons. Ik heb geen idee hoe het zal zijn om te sterven – maar Jezus wel. Hij kent het gevoel van zuurstoftekort in zijn cellen, van hartstilstand en verstikking.

Er is geen duisternis waarin hij niet is afgedaald. Hij kent de structuur en de smaak van alles wat ik het meest vrees.

Die Witte Donderdag zat de gemeente in het donker bij mij en dachten we samen aan de strijd en verlatenheid van Jezus. We dachten aan zijn dood.

Het dieptepunt van onze menselijke ervaring van kwetsbaarheid is het feit dat we allemaal zullen sterven, wijzelf en alle mensen van wie we houden.

Ik háát dat.

Wat me zo aantrekt in het christendom is dat we de dood mogen haten. Ik hoef niet te doen of het donker minder donker is dan het is. Ik hoef het niet op een stoïcijnse manier te accepteren als onderdeel van de levenscyclus. De dood is een vijand. In zijn boek *The Doors of the Sea* schrijft David Bentley Hart: 'Wij geloven in een God die is gekomen om zijn schepping te bevrijden uit de absurditeit van de zonde, de leegte en de zinloosheid van de dood, de krachten – of het nu gaat om berekende boosaardigheid of dwaze toevalligheid – die levende zielen verbrijzelen; en dus krijgen we toestemming om deze dingen te haten met een volmaakte haat.'[3]

Ik houd van het leven in deze wereld. De geur van lavendel, de trilling van een gitaarsnaar, stapelwolken vol regen. Onze heerlijke lichamen maken dit genot mogelijk – deze heilige vaten stellen ons in staat om zout te proeven en gebakken kip. Leven is ontegenzeggelijk een zintuiglijke ervaring.

Het christelijk geloof vraagt ons nooit om de dood te accepteren. We zijn gemaakt om te leven, lichamelijk en gezond, om te genieten van deze heerlijk zintuiglijke planeet.

Hoe diepzinnig je ook denkt over de dood, er is een moment waarop onze lichamen wegkwijnen. Geen smaak meer, geen geur of geluid. Maar zo is het niet bedoeld.

Als we de dood romantiseren en de wreedheid ervan minimaliseren, maken we uiteindelijk, vaak onbewust, de hoop van de opstanding ook kleiner. De kracht van de zonde dreigt ons te beroven van alles wat lieflijk en licht is in deze wereld.

Maar God zelf kwam ten volle binnen in de broosheid, leefde in deze wereld waarin de dingen onmiskenbaar niet zijn zoals ze zouden moeten zijn en overwon het duister van het graf.

De dood is een vijand. Maar de dood is nu een verslagen vijand.

Het christendom lijkt geen moeite te hebben met paradox. Sterven wordt 'winst' genoemd door de apostel Paulus (Filippenzen 1:21), deels omdat de beëindiging van het leven bij tijden een welkome bevrijding van het lijden kan betekenen, zolang de Dood met een hoofdletter – de vloek van de dood en zonde – nog werkzaam is in de wereld. Ik heb dappere, gelovige zielen gekend die er klaar voor waren om te gaan – die ons zelfs vroegen om niet te bidden voor hun genezing. Ze wisten niet hoe het sterven zou zijn, maar ze wisten op een of andere wonderlijke wijze dat het 'lichaam ... verlaten' betekent dat we 'onze intrek bij de Heer ... nemen' (2 Korintiërs 5:8).

Dat we 'intrek bij de Heer nemen', terwijl onze lichamen vergaan, is goed nieuws. Maar dit is niet onze diepste hoop. Iedere week spreken we de geloofsbelijdenis van Nicea uit: 'Wij verwachten de opstanding van de doden, en het leven van de komende eeuw.'

Jezus zorgt voor zijn geliefden in de dood, maar de dood is niet onze vriend, zoals het ook niet onze uiteindelijke bestemming is. Het is niet waarvoor we gemaakt zijn. Zoals N.T. Wright zegt: 'De hemel is belangrijk, maar het is niet het einde van de wereld.'[4] Uiteindelijk zullen we niet vluchtig wegzweven naar het hiernamaals. We zullen zien en ervaren – zelfs zintuiglijk – hoe deze goede oude wereld nieuw gemaakt wordt. Jezus belooft dat alles waarvan we houden in deze wereld blijvend is. We zullen alles wat God goed genoemd heeft proeven, ruiken en voelen en aanraken.

Iedere avond als we gaan slapen, comfortabel in ons warme bed, sterft er iemand. Daarom denken we aan hen bij het vallen van de nacht.

Na het sterven van mijn vader werd dit deel van het gebed extra belangrijk voor mij, want ik ging 's avonds slapen en de volgende morgen, toen ik wakker werd, was mijn vader niet langer hier. Een nacht slaap kan leiden tot een nieuwe en beangstigende wereld die we niet herkennen. Die nacht dat mijn vader stierf, wist God het. Ik niet.

Als ik dus zeg: 'Zegen de stervenden,' ben ik me er terdege bewust van dat ik niet weet voor wie ik bid. Het zou ieder van ons kunnen zijn. We zijn allemaal 'stervenden'.

Maar wat me intrigeert in dit gebed is niet dat het erkent dat de dood er is. We vragen God om de stervenden te 'zegenen'. Dit is nooit een gebed waar ik zelf op kom. Dit is een totaal andere manier van denken, die alleen beschikbaar is als ik me door de kerk laat gezeggen hoe ik moet bidden. Als het aan mij lag, zou ik bidden 'red de stervenden'. Of 'help de stervenden'. Vast en zeker 'zorg dat de stervenden niet sterven.' Misschien, als het erop aankomt, 'wek de stervenden op'. Maar 'zegen' de stervenden? Wat zou dat kunnen betekenen? We hebben het hier over mensen die sterven! Wat voor zegen zou ooit voldoende kunnen zijn? Hier laat mijn eigen verwarring me zien dat ik niet alleen heel weinig weet over sterven, maar ook heel weinig over zegen.

> *Mijn eigen verwarring laat me zien dat ik niet alleen heel weinig weet over sterven, maar ook heel weinig over zegen.*

Het woord *gezegend* is in onze tijd zo goedkoop geworden. We koppelen het aan een nieuwe auto of een promotie op het werk, een huwelijk of de geboorte van een nieuwe baby. Dit zijn zegeningen waarvoor we dankbaar zijn. Maar hoe helpt een van deze zegeningen ons als we sterven? De dood openbaart de nutteloosheid van veel wat we najagen in het leven. Het openbaart ieder armoedig begrip van zegen.

In de Schrift wordt het woord *gezegend* gebruikt om diegenen te beschrijven die arm zijn, die treuren, die hongerlijden, die de vrede najagen, of die vervolgd worden (Matteüs 5:3-12). Deze diepten van menselijke kwetsbaarheid leiden tot een specifieke vorm van gezegend leven. Wat betekent het om zegening te vinden in de donkerste momenten van ons leven? Wat zou het betekenen als God ons gebed verhoort en de stervenden zegent?

We verkeren in grote verwarring. We weten niet wat het beste is voor ons. De dingen waar ik het meest bang voor ben zijn vaak juist de dingen die me zullen bevrijden. De verlaten plekken in mijn leven die ik het liefst wil vermijden zijn uitgerekend de plekken waar God op me wacht. De dingen waarnaar ik het meest verlang – en die ik stevig vastklem – zijn vaak de dingen die, zonder Gods genadige tussenkomst, me zouden verarmen, me zelfs zouden doden. Ik kan mijn leven alleen redden door het te verliezen.

Velen van ons hebben dit al zo vaak gehoord, maar daarin geloven is hetzelfde als jezelf inprenten dat hoog laag is en laag hoog. Het gaat volledig in tegen wat natuurlijk voelt, omdat zelfbehoud, zo niet zelfaanbidding, het meest natuurlijk voelt.

God vertrouwen in onze kwetsbaarheid is vrijwillig een levenslange oefening aangaan om afgestemd te raken op wat zegen echt is, en hoe vaak die gevonden wordt op de laatste plek waar we die zouden zoeken. Het woord voor 'gezegend' in Jezus' Bergrede is *makarios*, dat door Bijbelwetenschapper Jonathan Pennington vertaald wordt met 'tot bloei komen'.[5] Tot bloei komen degenen die treuren. Tot bloei komen de armen van geest. Tot bloei komen de zachtmoedigen. Mijn visie op menselijk floreren, die me vanaf mijn geboorte ingeprent is door duizenden advertenties en uitspraken van beroemdheden, wordt bepaald niet gekenmerkt door treuren, zachtmoedigheid, armoede of vervolging.

Pennington laat zien hoe Jezus iedere zaligspreking belichaamt.[6] Als je wilt zien hoe een mens tot bloei komt, hoe zegen eruitziet, kijk dan naar Jezus, onze man van smarten. Hij leefde een onaangenaam leven in armoede, trouwde nooit, had geen seks, en stierf in pijn, verlaten door zijn vrienden, in relatieve onbekendheid. Hij is het verbazingwekkende beeld van de Gezegende, Gods gezalfde. Jezus kennen is leren wandelen op zijn vreemde pad van bloei, van overvloedig leven.

We bevinden ons altijd ergens tussen het lege altaar van Witte Donderdag en het geluid van paasklokken. Ons bestaan is ontegenzeggelijk een situatie van leven en dood. We proeven alles ervan: viering en verlies, vriendelijkheid en verraad door onze geliefden, zoetheid en zwaarte, schoonheid en stof.

De christelijke leer en praktijk roepen ons een verhaal van leven en dood binnen – een verhaal dat wij zelf niet hebben geschreven. Als we God dus vragen om de stervenden te zegenen, laten we het aan God over om te besluiten hoe dat eruitziet. Natuurlijk kan zegen betekenen dat de stervenden beter worden, maar het kan ook betekenen dat ze goed sterven – dat hun dood, zoals hun leven, deel uitmaakt van Gods schitterende verhaal, en dat ze zelfs in hun momenten van sterven tot bloei mogen komen.

Jaroslav Pelikan heeft gezegd dat 'Christus in de wereld komt om mensen te leren sterven', om 'hun sterfelijkheid te aanvaarden en, door die te aanvaarden, te leven door hem'.[7] We kunnen niet goed leven als we ontkennen waar we naartoe op weg zijn. Op een dag zal ik de dood kennen, van heel dichtbij. Deze werkelijkheid moet de manier waarop ik leef veranderen, zo zeker als de oceaan de kust vormt.

Herinnering aan onze dood vormt ons leven. Door onze sterfelijkheid te aanvaarden, die niet te ontkennen, niet te romantiseren of ervoor weg te rennen, leren we leven door Christus. We stoppen met de dwaze taak louter te leven om onszelf in leven te houden. We leven, wetend dat onze rijkdom, kracht en verworvenheden zo vluchtig zijn als onze adem zelf. We leven met zicht op de dood, zodat we kunnen leven in het licht van de hoop op nieuw leven – wetend dat de enige weg tot de opstanding door het duister heen loopt.

In de *Leefregel van de heilige Benedictus* beveelt Benedictus 'Instrumenten voor Goede Werken' aan:

> Herinner jezelf er dagelijks aan dat je zult sterven. Waak ieder uur over alles wat je doet, terwijl je je er bewust van bent dat Gods blik op je rust, waar je ook bent.[8]

Denken aan onze dood betekent niet dat we er helemaal in opgaan – we worden niet geroepen tot een gothic-achtige viering van het duister. Maar als we onszelf er dagelijks aan herinneren dat we zullen sterven, dan leren we om te leven. Het stelt ons in staat om te weten dat vandaag de dag is om God te zoeken, de dag om relaties te herstellen, de dag om anderen te helpen en de wereld om ons heen te zegenen – want dit kan onze laatste dag zijn. Nadenken over onze sterfelijkheid leert ons te leven in het licht van het grotere verhaal waar we deel van uitmaken, om onze kleine vreugden of verliezen te plaatsten in het perspectief van de eeuwigheid.

Aswoensdag staat centraal in mijn ervaring van tijd. Ieder jaar heb ik het nodig dat de realiteit van de dood wordt uitgesproken over mij en mijn kinderen. Ik heb de kerkelijke gemeenschap nodig om me te herinneren aan mijn sterfelijkheid. Ik heb de neiging om al te gemakkelijk door te spoelen naar de opstanding, om al het verdrietige over te slaan, maar de liturgische kalender gebiedt me om stil te staan en te luisteren naar het onopgeloste akkoord van onze dagelijkse realiteit.

Tijdens mijn eerste Aswoensdagdienst, meer dan tien jaar geleden, knielde ik in een stille kerk en verbaasde me over een gevoel van bijna onstuitbare woede. Terwijl de priester ieder voorhoofd markeerde met een kruis van as, had ik het gevoel alsof hij ons brandmerkte voor de dood. Ik was boos op de dood. Ik was boos op de priester, alsof het op de een of andere manier zijn schuld was.

Ik wil de werkelijkheid van kwetsbaarheid niet onder ogen zien – vooral niet de kwetsbaarheid van degenen van wie ik houd. Ik ben bevoorrecht en gezond genoeg om de illusie van controle overeind te houden. Ik leid mezelf af van de barre razernij van lijden en sterfelijkheid. Ik kijk op Facebook, ik twitter. Ik dompel mezelf onder in het huidige politieke steekspel. Ik zorg dat ik het druk heb. Ik vul mijn leven met duizend-en-een andere dingen om de schaduw van de dood te mijden.

Maar ik kan die niet van me afschudden. Op allerlei grote

en kleine manieren loop ik er iedere dag tegenop. Slaap, ziekte, vermoeidheid, en de nacht zelf zijn gewone en ongevraagde askruisjes op ons voorhoofd. Ze zeggen ons: bedenk dat je zult sterven. En deze dagelijkse tekens van sterfelijkheid worden vervolgens veranderd, door Gods genade, in instrumenten voor goede werken.

Toen ik priester werd, was ík het opeens die anderen brandmerkte met een memento mori in de vastentijd. In bepaalde opzichten vond ik het heerlijk om dienst te doen op Aswoensdag. Het gaat zo volkomen in tegen onze cultuur. De oude kerk breekt binnen in ons opgepoetste, bevoorrechte Amerikaanse optimisme. Ze dwingt ons om de harde feiten onder ogen te zien. Te midden van de verleiding tot een banale ontkenning van sterfelijkheid sta ik voor mijn gemeente met een onvermijdelijke waarheid: 'Vergeet niet,' zeg ik, 'dat we stof zijn. Jij en ik en alle mensen die we kennen zullen sterven. Dat waar we voor leven is vluchtig. Houd je vast aan wat echt is.' Het is het meest tegendraadse dat ik ieder jaar doe.

Maar ik ben geen sadist. Een deel van mij haat het om op Aswoensdag dienst te doen, omdat de onvermijdelijkheid van de dood – en wat meer is, de macht van de Dood met een hoofdletter en van de zonde – heel slecht nieuws is. Niemand gaat de bediening in om slecht nieuws te verkondigen. We wijden ons leven toe aan de kerk omdat we hoop willen bieden, het goede nieuws willen verkondigen dat we hebben ontvangen over Jezus die heel de wereld nieuw maakt.

De eerste keer dat ik een kruis op het voorhoofd van een kind moest zetten, huilde ik de rest van de dienst. Jonathan kan het ook niet. Hij houdt zich groot tot hij zich buigt over kinderen die we kennen. Onze kinderen of hun vrienden knielen voor ons met stralende verwachtingsvolle gezichten, zo mooi dat je hart het nauwelijks kan bevatten. En het is onze taak om ze te brandmerken met de dood. Hij huilt de rest van de dienst. We hebben het allebei heel zwaar op Aswoensdag. Ik hoop dat dat altijd zo zal blijven.

Ik hoop dat het mijn hart blijft breken, iedere keer als ik iemand markeer met de herinnering aan de dood, omdat de kracht van de Dood hartverscheurend is. Dat is niet iets waaraan we gewend moeten raken. Het is onze tranen waard.

Als we bidden 'zegen de stervenden' denken we aan diegenen die op het scherpste punt van hun eigen kwetsbaarheid gekomen zijn. We denken aan diegenen bij wie de menselijke broosheid al het andere te boven gaat en die – op z'n minst tijdelijk – tenietgedaan worden.

Door dat te doen, denken we eraan dat ook wij sterven. Als we God vragen om de stervenden te zegenen, vragen we hem om ons te zegenen. We zien uit naar het komende koninkrijk, maar we zien er ook naar uit dat God ons zal ontmoeten in deze huidige stervende wereld.

We zijn op weg naar de dood, niemand uitgezonderd. En de zegen die we het hardste nodig hebben is nu net de zegen die de stervenden ontvangen – een zegen die we ons leven lang proberen te vermijden, een zegen die slechts in het donker te vinden is. In de diepste verlatenheid, daar ontmoeten we God zelf.

10

Troost wie lijden

Vertroosting

Toen mijn oudste dochter leerde lezen, ging ze ons soms voor in de completen. Bij het opzeggen van dit gebed vroeg ze God vrijmoedig om wie lijden 'te aaien' (ze zei 'smooth' in plaats van 'soothe' uit 'soothe the suffering', noot vertaler). En ter ere van haar bidden we dit als gezin tot op de dag van vandaag.

Categorieën van menselijke kwetsbaarheid – ziek, vermoeid, stervend, lijdend, bedroefd, blij – zijn blijkbaar geen vakjes waarin wij allemaal netjes passen. Ze overlappen elkaar en vallen samen. Zieken, stervenden, vermoeiden zijn ook mensen die 'lijden'. Toch bidden we voor ieder van hen afzonderlijk. Dit is geen kwestie van toeval of breedsprakigheid. Bidden voor ieder op zijn beurt geeft ons de kans om stil te staan bij iedere menselijke nood en die te eren. We proeven verschillende tonen in ieder bitter glas wijn van menselijke misère.

Onze gemeenschappelijke menselijkheid kan gevonden worden in ons gedeelde lijden. We lijden allemaal verlies. Al onze harten zijn gebroken. Ieder van ons kent teleurstelling. En toch staat de gemeenschappelijkheid van ons lijden op gespannen voet met het feit dat tegenspoed niet gelijkelijk verdeeld wordt.

Sommigen hebben het zwaarder dan anderen. Sommigen van ons dragen uitzonderlijk zware lasten.

Het is moeilijk om in het algemeen te spreken over lijden, omdat het zo'n weids en uiteenlopend terrein van menselijke ervaring beslaat. Er is lichamelijk, emotioneel een geestelijk lijden – en ieder van ons ervaart deze in een bepaalde context en op een unieke wijze. Lijden kan niet grof geschetst worden.

Toch vragen we God hier om de mensen die lijden te troosten. Of om ze te aaien, afhankelijk van de omstandigheden.

Op schrift gestelde gebeden – de gebeden van de completen, de Psalmen of andere overgeleverde gebeden – zijn niet statisch. Als we ze bidden, lezen we onze eigen levens terug in de woorden die we bidden. Onze eigen biografieën vormen ons verstaan van deze gebeden evenzeer als deze gebeden ons en onze verhalen vormen. Door de jaren completen bidden heen ben ik 'wie lijden' gaan zien als diegenen die door een intense periode van lijden heen gaan. Er zijn specifieke gebeurtenissen die onze levens verdelen in een voor en een na. Er zijn seizoenen van diepe duisternis, mislukking en verlies die ons onuitwisbaar tekenen.

Het jaar 2017 maakte me tot een ander mens. Daarvoor had ik nooit een ouder verloren of een kind. Nu wel. Zo'n zes maanden lang leed ik intens (en ik rouwde nog een lange tijd daarna). Gedurende dat jaar vergrootte de nacht iedere eenzaamheid en verlies; pijn echode en leed weergalmde. Verdriet was vers en scherp. De dingen in mijn leven die stevig waren geweest vielen uit elkaar, en de herbouw was nog niet begonnen.

Hier maak ik onderscheid tussen 'wie lijden' en 'de beproefden' omdat, hoewel perioden van lijden ons niet hetzelfde laten – hoewel ze onze geografie vormen – wonden door de tijd heen kunnen helen. Lijden is een eb en vloed. Het verdwijnt nooit helemaal, maar we leren weer te leven.

Het gebed voor de beproefden, dat hierna komt in deze litanie van kwetsbaarheid, gaat in op langdurend, chronisch lijden. Maar eerst bidden we voor wie er middenin zitten, die hevige tijden van crisis of verlies meemaken. We bidden voor diegenen die tijden meemaken waarin de kwelling en de inspanning van het leven – van de dag doorkomen – drukkend is en zwaar, waarin het duister zo allesomvattend en beangstigend lijkt dat het al het andere dreigt te verstikken.

Wanneer wordt iemands lijden lang en onveranderlijk genoeg om tot de 'beproefden' te mogen behoren? Er is geen lakmoestest. We zullen niet altijd weten of het lijden dat we te verduren krijgen tijdelijk is of blijvend. Onwetendheid maakt deel uit van onze kwetsbaarheid, en dat maakt het ook zo beangstigend en moeilijk. We weten niet hoelang het zal duren. We weten niet wanneer de genezing zal komen.

'De uitzonderlijke grootheid van het christendom,' schreef Simone Weil, 'ligt in het feit dat het geen bovennatuurlijke oplossing zoekt voor het lijden, maar een bovennatuurlijke bestemming ervoor.'[1] Christenen hebben het lijden nooit louter gezien als een plek vol pijn, maar ook als een plek om God te ontmoeten. Lijden komt niet simpelweg *over* ons, maar werkt *in* ons.

De heilige Isaak de Syriër schreef, 'De Liefde voor God komt voort uit ons gesprek met Hem; dit gesprek van God komt tot stand door stilte, en stilte bereiken we door ons eigen ik af te scheuren.'[2] Let op de volgorde: God leren liefhebben vloeit voort uit gebed, dat voortvloeit uit stilte, die voortvloeit uit het 'afscheuren van ons ik' – de martelende overgave van onze verlangens en plannen.[3]

Lijden scheurt het eigen ik af. Dit klinkt verschrikkelijk pijnlijk, en dat is het ook. Maar de betekenis en het doel van het lijden is niet pijn; het is liefde leren geven en ontvangen. God is geen sadist die ervan geniet om ondraaglijke pijn te gebruiken om ons een lesje te leren. Maar in de alchemie van de verlossing kan God dat wat slechts verdriet is gebruiken en het veranderen in het pad waarop we leren om God lief te hebben en onszelf te laten liefhebben. Dit is de vreemde (en vaak ongewenste) weg naar overvloedig leven – het sterven dat nodig is om de opstanding te geven. Scott Cairns schrijft: 'De zware weg is zo'n beetje de enige weg waarop de meesten van ons erin slagen iets te leren. Beproeving, lijden en pijn zijn – zelfs als ze niets anders zijn – opvallend effectief.'[4]

Er zijn veel bloemen die alleen in de nacht bloeien. Maanbloemen, avondsleutelbloemen, en andere nachtelijke bloeiers kunnen alleen in hun volle glorie worden bewonderd als je na zonsondergang op pad gaat. Zo zijn er ook dingen in ons geestelijk leven die alleen tot bloei komen in het donker.

> *Er zijn dingen in ons geestelijk leven die alleen bloeien in het donker.*

Ik ben bang voor het donker, maar ik ben nog veel banger om de vorm van schoonheid en groei te missen die alleen daar gevonden kan worden.

Zowel Paulus als Petrus vertelt ons dat ons lijden deelt in Christus' eigen lijden (Filippenzen 3:10; 1 Petrus 4:13). In het lijden vinden we niet alleen een afdaling in de diepten van leed, maar ook – vaak langzaam en altijd wonderlijk – het opstijgen tot Christus' leven zelf. Niet alleen verwaardigt Jezus zich bij ons te zijn aan het graf van een geliefde vriend of in de operatiekamer, maar in ons lijden sluiten we ons bij hem aan in de kwelling van Getsemane, de marteling van het kruis en de duisternis van zijn eigen graf.

Paulus zegt zelfs dat zijn eigen lijden 'mag aanvullen wat er nog aan Christus' lijden ontbreekt' (Kolossenzen 1:24). Hierover heeft menig theoloog zich het hoofd gebroken (en het heeft geleid tot veel discussie, wat theologen van de straat houdt). Wat zou dit kunnen betekenen? Ik denk niet dat het betekent dat Jezus niet genoeg leed zodat we nog wat misère op moeten tuigen om onszelf te verzekeren van onze redding. Maar het betekent wel dat als we onszelf vinden in Jezus dat altijd met zich meebrengt dat we hem kennen in pijn en lijden. Zoals Augustinus zegt: 'Jezus' lijden was niet onvolledig, maar blijft doorgaan in en door de kerk.'[5] In Christus kocht God geen ticket voor een gemakkelijk leven voor ons waarin we voortdurend gelukkig zijn. In plaats daarvan worden we verenigd met hem, zodat we door onze eigen verhalen heen groeien in zijn verhaal. De biografie van Jezus gaat door in ons leven, in de kerk, zelfs – misschien wel vooral – in onze tegenslag.

Maarten Luther maakte onderscheid tussen 'theologie van het kruis' en 'theologie van de glorie'. In een theologie van de glorie laat God zijn betrouwbaarheid zien door genot, voorspoed en bevrijding van lijden uit te delen aan de rechtvaardigen. Daartegenover ontdekt de theologie van het kruis dat God 'zich verborgen houdt in het lijden'.[6] Een theologie van de glorie heeft dezelfde logica als een rijk: dat macht, geld en genot de grote dingen zijn. De theologie van het kruis leert dat het koninkrijk van God alles omkeert – dat God het meest aanwezig is in de donkerste momenten van ons leven.

We zijn geneigd om gezondheid, rijkdom en succes te zien als bewijzen van Gods gunst, en lijden als de plek van Gods afwezigheid of een straf voor de zonde. Als we, wanneer we te maken krijgen met pijn en teleurstelling, ons afvragen of God wel naar ons omziet, dan hebben we ons de theologie van de glorie eigen gemaakt. We zoeken een God die ervoor zal zorgen dat ons niets slechts overkomt.

God liefhebben door het lijden heen betekent leren dat we, als we zoeken naar een bewijs van Gods werk in ons leven, dat vaak op de laatste plek vinden waar we het willen vinden: in zwakte, in pijn, in het kruis.

Moeten we dan maar onaangedaan zijn of zelfs optimistisch als we een kruis te verduren krijgen? Nee. Jezus zelf gaf geen teken van onbewogenheid aan het kruis. Hij huilde, hij weeklaagde, hij schreeuwde het uit tot God in doodsnood, hij gaf zijn nood, pijn en dorst eerlijk toe. We hoeven onze pijn, en die van anderen, niet te verdoezelen. We wenen.

Maar zelfs als we wenen, waken we en wachten we op degene die door de Schrift 'de God van alle vertroosting' wordt genoemd.

God zelf is de trooster. Het is een van de betekenissen van *paraklètos*, de naam die Jezus gaf aan de heilige Geest, letterlijk degene die 'erbij geroepen wordt' om ons te helpen. We delen in het lijden van Christus met de belofte dat wie deelt in het lijden 'ook deelt in de troost die ons gegeven wordt' (2 Korintiërs 1:3-7).

In de eerste verzen van Paulus' tweede brief aan de Korintiers gaan de woorden *troost* en *lijden* goed samen. C. FitzSimons Allison zegt dat wat we hier zien een toonbeeld is van 'essentiële verbinding' tussen de heilige Geest en zowel Christus' als ons eigen lijden. Paulus – die niet vies is van herhaling – gebruikt het woord troost tien keer en het woord lijden zeven keer in slechts een paar korte zinnen. Allison vat deze verzen samen door te zeggen dat hoewel het verlangen om te ontsnappen aan lijden begrijpelijk is, dat ons ook 'berooft van het ware leven, vrede, gemeenschap, volharding, karakter, hoop, en bovenal, Gods trooster'.[7] Wandelen met God in het lijden is verdriet kennen, verwarring, frustratie en twijfel, maar ook, op den duur, de troost vinden waarnaar onze ziel verlangt en die ze elders niet kan vinden.

Uiteindelijk vinden we slechts troost in de aanwezigheid van de trooster.

Maar dit is een vreemde vorm van troost. Je moet er veel moeite voor doen. Het is niet de troost van zijdezachte lakens en chocoladetruffels, of van een lekker kopje thee en een warme deken, hoewel dit zeker gaven van God zijn. De troost die we vinden in het lijden heeft niks te maken met luxe of gezelligheid.

Wat hier wordt aangeboden wordt door Isaak de Syriër 'zielzicht' genoemd. Lijden geeft ons nieuwe ogen; het leert ons om te zien in het donker. En wat leren we te zien? Licht, hoop, vreugde, zelfs God zelf, op nieuwe en diepgaande manieren.

In ons lijden kunnen we dit geschenk van 'zielzicht' ontvangen, maar we worden daartoe niet verplicht. We zijn even vrij om God te vervloeken voor ons lijden als om hem erin te zoeken. Maar als we die dingen willen ontdekken die alleen bloeien in het donker, als we enige heerlijkheid willen vinden in ons eigen kruis, dan moeten we meewerken aan dat wat het lijden in ons bewerkt.

Het is een ogenschijnlijk dwaze roeping: meewerken met God aan onze eigen ondergang.

De kruisen die we te dragen krijgen zijn nooit de dingen die we zouden kiezen. Toch helpen de christelijke gebedspraktijken ons om de groei te ontvangen die komt via wegen die we het liefst mijden. Lijden – het 'afscheuren van het eigen ik' – is in zichzelf niet goed of waardevol. Het is waardeloos tenzij het ruimte maakt voor stilte, vervolgens gebed en uiteindelijk de liefde van God.

In een beroemde litho van M.C. Escher tekent een hand een andere hand die zelf achterovergebogen is en de hand tekent die hem tekent – een cirkel van handen die elkaar tekenen. In het lijden is er ook een wonderlijke cirkel: we bidden om het mysterie van het lijden te verduren, en het mysterie van het lijden leert ons om te bidden. En uiteindelijk doen we dit alles omwille van de liefde van God. Die ontdekken we in het middelpunt van de cirkel.

Troost in verdriet is een menselijke behoefte. We hebben troost net zozeer nodig als voedsel en water. Als we dus geen vertroosting vinden bij God de trooster, dan gaan we dat onvermijdelijk elders zoeken, en waar we uit gewoonte onze toevlucht toe nemen voor troost is wat we uiteindelijk aanbidden. Het wordt onze god. Maar als deze andere troosters, hoe goed ook in zichzelf, het toevluchtsoord worden voor onze ziel, dan hebben ze de neiging ons te doden.

Het lied 'Creature Comfort' door Arcade Fire gaat over de zogenaamde 'Amerikaanse voorspoed'. Het is een lied over zelfbeschadiging en zelfmoord, jongens die 'zichzelf haten' en meisjes die 'hun lichamen haten'. Deze lijdende mensen bidden door het lied heen een gekweld gebed:

God, maak me beroemd
Als U dat niet kunt, maak het dan pijnloos
Maak het gewoon pijnloos.[8]

Maak me beroemd of maak het pijnloos. Wat het ook wordt, neem de verschrikkelijke gevoelens van zwakheid en verwonding weg.

Op momenten dat het verdriet zo diep zit dat ik het kan voelen in mijn lichaam, ga ik bijna instinctmatig iets doen wat ik kan gebruiken als morfine: internet, tv, snacken, sporten, slapen, laat opblijven, wijn, chocolade, werk, sociale media.

Dennis Byrne schrijft in de *Chicago Tribune*: 'Het wordt tijd om het onder ogen te zien: we zijn een volk van verslaafden.' Hij zegt dat zo'n veertig miljoen Amerikanen verslaafd zijn aan drugs of alcohol – slechts twee van de vele dingen waar we de toevlucht toe nemen om de pijn te verzachten. Byrne zegt dat onze maatschappij 'zo veel verslavingen' omhelst, 'dat het moeilijk is om ze allemaal op te noemen'. Niet alleen het standaardlijstje seks, porno, tabak en alcohol, maar ook eten, videogames, internet, snoepgoed, werk, twitteren en zo veel meer. Hij vraagt: 'Waar rennen we voor weg, dat we zo geneigd zijn om te zoeken naar zo veel steunpilaren, ze te scheppen en er een overdosis van te nemen?'[9]

In zijn boek *The Elephant in the Room* onderzoekt Tommy Tomlinson zijn eetverslaving. Hij spreekt voor ons allemaal, met onze verschillende verslavingen: 'Dit is de wrede truc van de meeste verslavingen. Ze zijn zo goed in kortetermijntroost. Ik heb honger, ik ben eenzaam, ik moet voelen dat ik deel uitmaak van de wereld. Anderen verzachten hun pijn met de fles of de naald. Ik demp die met hamburgers en friet. Zo schuiven we de pijn voor ons uit.'[10] Als we lijden, hebben we troost nodig, en als we geen idee hebben waar we die kunnen vinden, leren we om de pijn voor ons uit te schuiven.

Het lijden heeft vertroosting nodig, niet verdoving. We hebben echte hoop nodig, het soort dat ons de nacht door draagt.

Zeker, God troost ons door het goede van de aarde, de geur van koffie of het geluid van regen op het dak. Maar als de berg van het lijden steiler en hoger wordt, ontdekken we dat de troost van de schepping uiteindelijk nooit genoeg zal zijn. Zelfs goede gaven verzwakken ons als we ze dwangmatig gebruiken in onze pijn.

God maakt ons leven niet pijnloos, maar God is de ware vertrooster.

Om als christen door het lijden heen te gaan – te delen in Christus' lijden – moeten we de duisternis onder ogen zien. We moeten de dingen voelen die we liever niet voelen – verdriet, verlies, eenzaamheid. We moeten de bittere beker drinken die ons gegeven is. Geen sluiproutes. Geen vrijgeleides. Maar dit is de vreemde weg van ware troost. Het is de enige manier om een troost te vinden die sterk genoeg is om het gewicht van onze ziel te dragen.

Alles in ons wil de pijn verdoven. Daarom vragen we in dit gebed om vertroosting – voor onszelf en anderen – omdat we, als we ons wenden tot genot of afleiding als verdovende middelen, de blijvende troost verliezen die we alleen kunnen ontvangen in kwetsbaarheid. Troost in het lijden komt altijd en alleen als een geschenk.

Christelijk ascese heeft de laatste tijd een slechte naam. Iedere ontzegging van genot wordt geassocieerd met de slechtste vorm van puriteins wetticisme. Terwijl ontgiften en hippe diëten helemaal in zijn, is zelfverloochening omwille van geestelijke vorming verdacht. Celibaat, reinheid en onthouding worden afgewezen als absurd, zo niet destructief, geassocieerd met kritiek op iemands lichaam of gewicht en tegenover 'seks-positiviteit' gezet. Wie vast is overijverig en fanatiek bezig. Geloof, zo veronderstellen we, moet ons nooit een slecht gevoel geven en daarom wordt ascese gezien als zinloos, wettisch of onmenselijk.

Ik zal het maar eerlijk toegeven: ik ben bepaald geen asceet. Vergeleken met bijna iedereen in de oude kerk, ben ik een hedonist. Ik ben daar niet bepaald trots op, maar als het aankomt op chocolade of lang uitslapen of mediaconsumptie, heb ik zo ongeveer net zoveel zelfbeheersing als een dronken hamster. Ik ben heel slecht in vasten. De vastentijd is voor mij gewoonlijk een mislukkingsavontuur. Twee keer heb ik het vasten tijdens de vastentijd opgegeven in wat alleen maar te beschrijven valt als een volledige terugtrekking. Als je een priester nodig hebt die je iets leert over de glorie van God in het geschapene, genot dat leidt tot verwondering en aanbidding, de geestelijke goedheid die te vinden is in een ijsje of een luie zaterdag of een lang middagdutje, dan ben je bij mij aan het goede adres. Ik heb essays geschreven over de eeuwige waarde van genot en schoonheid en ik sta daar ook helemaal achter. Toch is christelijke soberheid – een tijdelijke omhelzing van het lijden omwille van een hogere liefde – ook enorm belangrijk in het getuigenis van de kerk en de praktijk van christelijke spiritualiteit.

Er is hier geen sprake van een tegenstelling. Christelijke ascese is nooit bedoeld als een ontkenning van de goedheid van het materiële of het lichaam. Het christelijk geloof is aards en bevestigt genot. Maar christenen hebben vaak zelfverloochening geoefend om op de juiste wijze te leren genieten van de goede dingen.

We omhelzen ascetische praktijken om te leren lijden. We weten dat we allemaal onvermijdelijk zullen lijden en dus oefenen we het van tevoren. Het is een oefening in ongemak. We trainen onze behoefte aan troost zoals mensen puppy's trainen. Door dat te doen leren we gaandeweg hoe we een troost binnengaan die dieper is dan wat ons geboden wordt in de door ons gekozen verdovende middelen. We leren om de pijn die we mijden onder ogen te zien. Christelijke ascese lijkt een beetje op homeopathie – we stellen onszelf bloot aan een klein beetje lijden om genezing te brengen in de grotere gebieden van verlies, zonde en geestelijke ziekte in ons leven.

Ascetische praktijken openbaren de manier waarop we de troost uit de schepping, hoe goed ook in zichzelf, dwangmatig gebruiken. We ontzeggen onszelf een klein genot, een behoefte die we bespeuren, en we ontdekken hoe verslaafd we zijn geworden aan de dingen die we gebruiken om onszelf te troosten.

> *Christelijke ascese lijkt een beetje op homeopathie – we stellen onszelf bloot aan een klein beetje lijden om genezing te brengen in de grotere gebieden van verlies, zonde en geestelijke ziekte in ons leven.*

Ik zeg niet dat perioden van diep lijden de juiste momenten zijn om zelfverloochening te beoefenen. Op zulke momenten kan levend de dag doorkomen al voelen als een ascetische ervaring. (En in de diepten van pijn is alles wat je kunt doen om overeind te blijven bij God zitten en wat ijs eten of een pijp roken of een film kijken met vette friet erbij – doe dat, letterlijk, in Gods naam.)

Maar het verzet van onze cultuur tegen iedere vorm van 'afscheuren van het eigen ik' zorgt ervoor dat we onvoorbereid zijn op het lijden en de verwondingen die het leven onvermijdelijk aan ieder van ons uitdeelt. Zelfs wij christenen zijn vaak nooit onderwezen in een geestelijk leven dat sterk genoeg is om ons te ondersteunen als alle andere vertroostingen wegvallen. Sinds onze geboorte zijn we opgevoed in de logica van het consumentisme – dat pijn uitgewist kan worden, of op z'n minst verdoofd door voldoende consumptie. Als we genoeg kunnen kopen, succesvol genoeg kunnen zijn, beroemd genoeg kunnen zijn, genoeg kunnen drinken, die vriend of vriendin krijgen, dat huis en die carrière, dan kan ons lijden verlicht worden. We kunnen zelfs ons geestelijk leven op dezelfde wijze gebruiken, waarbij we God of het geestelijk leven aanprijzen als het pad van zelfvervulling en overwinning, niet de weg van het kruis. We zijn met deze leugen grootgebracht zoals een dagelijkse vitaminepil, en het heeft ons beschadigd – als volk, als cultuur, als kerk.

In zijn artikel 'I used to be a human being' bespreekt Andrew Sullivan, een journalist die vroeger een populaire blogger was, hoe hij stopte met wat hij zijn 'verslaving' aan technologie en sociale media noemt. Hij wilde de stilte leren beoefenen. Hij ging op een retraite waarbij je dag en nacht stil moest zijn, zonder telefoon, internet, gps of zelfs gesprek.

Toen de retraite een paar dagen bezig was werd hij plotseling – tot zijn verbazing – overvallen door pijnlijke herinneringen uit zijn kindertijd, met name het lijden dat hij te verduren kreeg vanwege de psychische ziekte van zijn moeder. Hij schreef: 'Het was alsof ik, nu ik langzaam maar zeker iedere afleiding uit mijn leven verwijderd had, opeens geconfronteerd werd met hetgeen waar ik mezelf van had afgeleid. Terwijl ik even tegen de stam van een boom uitrustte, kwam ik tot stilstand, en stond opeens voorovergebogen, geschokt door de pijn die zomaar aanwezig was, snikkend.' Iedere steun waar hij zich uit gewoonte toe wendde was weggenomen. Hij kon geen vriend bellen of sms'en; hij kon niet op Twitter kijken of e-mailen. Hij moest omgaan met de pijn van zijn diep weggestopte kindertrauma. En wat hij ontdekte was dat hij die ervaring niet alleen overleefde, maar dat hij er ook genezing in vond.

Er is een wijsheid die alleen verworven kan worden door zelfverloochening – alleen als alle andere steun, apparaten en verdovende middelen worden weggenomen. Sullivan schrijft: 'Het verdriet veranderde in een soort kalmte en rust. Ik voelde andere dingen uit mijn jeugd – de schoonheid van de bossen, de vreugde van vrienden, de steun van mijn zus, de liefde van mijn grootmoeder van moederszijde.'[11] Een leven lang meed hij het lijden, maar de enige manier om aan de andere kant te komen, was door erdoorheen te gaan. De enige manier waarop hij genezing kon vinden was door zichzelf datgene te ontzeggen wat hem een identiteit en carrière gaf, dat waar hij zich het meest dwangmatig toe wendde voor troost.

Christelijke ascese, de oefening van stilte, vasten, reinheid, celibaat, eenzaamheid, of een andere vorm van zelfverloochening, is niet gericht op zelfverwoesting of zelfvervloeking maar op genezing. Door het lijden in grote en kleine manieren op ons te nemen, leren we om troost te zoeken op manieren die niet echt natuurlijk voor ons zijn, maar die we heel erg nodig hebben. We trainen ons hart om blijvende troost te zoeken in God zelf. We oefenen ons in het afstand doen van onze heerlijk goede, maar ontoereikende geschapen troostmiddelen om de vertroosting te leren ontvangen waar we het sterkst naar verlangen.

We vragen God om mensen die lijden te troosten. We vragen Hem niet om het lijden te bedekken met clichés. We vragen niet of Hij ervoor wil zorgen dat wie lijdt rustig wordt en eroverheen komt. We wenden ons tot God als iemand die teder voedt, troost en geneest, niet een chagrijnige coach die ons zegt dat we moeten ophouden met zeuren en spelen, pijn of niet.

Een vrouw in mijn gemeente was zo'n tien maanden bezig met het zware werk van rouwen over de dood van haar man toen mij ter ore kwam dat iemand haar had gezegd dat ze nu wel lang genoeg verdrietig was geweest; tijd om het hoofd op te heffen en de pijn achter zich te laten.

Dan troost je degene die lijdt niet, maar jaag je hem op.

Toen ik dit hoorde, trof me vooral een soort moederlijke neiging om het lijdende lid van mijn gemeente te beschermen. Ik voelde boosheid, en ergens ook een beetje zelfvoldaanheid. Maar toen riep ik de keren in herinnering waarop ik zelf ongeduldig ben over het lijden. Ik kan mijn eigen onbewuste tijdschema's maken, voor mezelf of anderen, over hoelang het lijden zou moeten duren. Maar meestal kost genezing meer tijd dan we denken. De snelle oplossing is altijd verleidelijk, maar de snelle oplossing voor lijden is oneerlijkheid, verslaving en de ontkenning van je menselijkheid. Zelfs in de kerk willen we vaak dat mensen zichzelf helpen, zichzelf oplappen en zichzelf redden – en daar ook flink haast mee maken.

Maar als we leren verlangen naar God om ons en anderen te troosten, leren we ook om te wachten op het langzame proces van hoe hij dat doet.

Geeft God dan nooit meteen emotionele, geestelijke of zelfs lichamelijke genezing? Dat kan hij zeker. Maar troost ziet er meestal uit als kleine voorzieningen, klippen van genade tijdens een lange klim. Er is genezing in het christelijk leven. Er is vertroosting. Ik heb ervan geproefd en het gezien, maar we kunnen niet kiezen wanneer of hoe die komt.

Pierre Teilhard de Chardin herinnert ons eraan 'boven alles te vertrouwen op het langzame werk van God'. We vragen de Heer om wie lijden te troosten, en vervolgens herinneren we ons Chardins oproep:

Geef onze Heer het voordeel van het geloof
dat zijn hand je leidt,
en aanvaard de vrees van het jezelf
onzeker en onvolledig voelen.[12]

Er is een oud gezegde: 'Wat je niet doodt, maakt je sterker.' Maar dat komt op mij nogal leeg over, en ik vermoed op de meeste mensen die met lijden te maken krijgen.

De ziekte waaraan mijn vader uiteindelijk plotseling overleed, begon als een traag proces van verval. Tijdens een lange reeks ziekenhuisverblijven hield ik dagenlang zijn hand vast. Vervolgens kregen mijn beide dochters buikgriep en bracht ik nachten door met hun haar naar achteren houden terwijl zij overgaven. Te midden van deze uitputtende weken schreef ik: 'Ik heb niet het gevoel dat deze zware dagen, deze stress en zorg en uitdaging me sterker maken. Uiteindelijk... voel ik me uiterst zwak en kwetsbaar.'

Het was Nietzsche die als eerste het nu zo beroemde cliché over 'wat ons niet doodt' uitsprak. Het komt uit zijn boek *Afgodenschemering*: 'Uit de Levensschool van de Oorlog: wat me niet doodt, maakt me sterker.'[13]

Ik krijg elke dag met grote en kleine dingen te maken die

moeilijk zijn, maar die me niet gedood hebben. En ik ontdek dat wat me niet doodt me in feite zwakker maakt, en misschien is dat ook wel waar het om draait – dat we de weg van heerlijkheid ontdekken door het kruis en niets anders. In de levensschool van de liefde maakt lijden – wat ons niet doodt – ons meer bewust van onze behoeftigheid en hulpeloosheid en dus beter in staat om liefde te geven en te ontvangen.

Zeker, lijden schept ook veerkracht, zoals een gebroken bot sterker is nadat het genezen is. We kunnen, hoe ironisch, zwakker zijn als we nooit pijn of lijden kennen. En er is een vorm van geharde trouw en durf te vinden aan de andere kant van de kwelling. Maar deze vorm van veerkracht vormt ons niet tot Nietzsches visioen van ondoordringbare onbuigzaamheid; het maakt ons niet hard. Het maakt ons meer ontvankelijk voor ons geliefd zijn in God, onze eigen kwetsbaarheid, en de kwetsbaarheid van anderen.

In haar essay 'The tabernacling of God and a theology of weakness' zegt Marva Dawn:

> Zoals Christus de verzoening bewerkstelligde door voor ons te lijden en te sterven, zo bewerkstelligt de Heer een getuigenis voor de wereld door onze zwakheid heen ... God haalt ons niet uit de beproevingen, maar troost ons te midden daarvan en in de confrontatie daarmee vindt er een verwisseling van kracht plaats. Door onze eenheid met Christus in de kracht van de Geest in onze zwakheden zijn we een toonbeeld van Gods heerlijkheid.[14]

De mensen die ik het meest respecteer zijn diegenen die geleden hebben, maar hun pijn niet verdoofden – die hun duisternis onder ogen zagen. In dat proces zijn ze op schitterende wijze zwak geworden, niet sterk als spijkers, niet bitter of onbuigzaam, maar mannen en vrouwen die hun kwetsbaarheid dragen met vreugde en vertrouwen. Ze zijn haast lichtgevend, als een papieren lampion, teer genoeg om het licht erdoorheen te laten schijnen.

11

Heb medelijden met de beproefden

Onafgebroken openbaring

Als het bij 'wie lijden' gaat om mensen die perioden van diepe pijn meemaken, dan gaat het bij 'de beproefden' om mensen die lang, zelfs levenslang lijden doormaken.[1] Dit zijn mensen met een lichaam dat nooit goed zal werken aan deze zijde van het graf, die lijden aan eenzaamheid die niet zal ophouden, die uitermate zware lasten en trauma's te dragen krijgen of die over minder vangnetten beschikken om ze op te vangen als ze vallen.

En voor beproefde mensen kan de nacht extra zwaar zijn.

Zo krijgen demente mensen bijvoorbeeld te maken met een fenomeen dat het 'sundowningsyndroom' wordt genoemd. Om redenen die artsen niet helemaal begrijpen, nemen de verwarring, angst en agressie toe rond zonsondergang. Wie lijden aan chronische depressie of psychische angst zien hun symptomen 's avonds ook verergeren.[2]

Vroeger werkte ik met tieners die op straat leefden. Het drukkende gevaar waarmee deze kinderen, vooral de jongere vrouwen, 's avonds te maken kregen was bijna onvoorstelbaar. De meerderheid was seksueel aangerand op straat, onder de dekmantel van de duisternis, vaak meerdere keren.

Mijn vrienden Steven en Bethany leiden straatretraites.[3] Ze nemen mensen mee op een geestelijke retraite, maar in plaats van zich terug te trekken in een klooster of de bergen in te trekken, brengen ze tijd door met de daklozen op de stoepen en in de stegen van Austin, Texas. Het gaat er bij deze retraites niet om te doen alsof je arm bent of om bevoorrechte mensen de kans te geven om iets van dakloosheid te proeven – per slot van rekening is een nacht of twee op straat iets totaal anders dan dakloosheid. Het draait om 'Jezus te zoeken waar hij belooft zich te laten vinden', aldus Steven, onder de armen en de behoeftigen – onder de beproefde mensen. Een paar nachten lang ervaren deelnemers de kwetsbaarheid van het 's nachts buiten slapen in de stad. Maar in die donkere straten, te midden van de beproefden, ontmoeten mensen God. Steven zegt dat zelfs diegenen die zichzelf geen gelovigen noemen vertellen van ervaringen waarbij ze 'een ontmoeting hadden met het hogere'.

Steven en Bethany hebben veel vrienden op straat, en de beproefde mensen verlenen hun gastvrijheid. Ze worden verwelkomd in daklozenkampen en geven advies over waar je het prettigst slaapt. Toen ze hun vijf maanden oude baby meenamen op een retraite, liet iemand hun de veiligste plekken zien om de nacht door te brengen met een baby. Een vriend die ze op straat ontmoetten bad voor hen, vroeg om de bescherming van engelen, om hun veiligheid in de nacht, en dat ze de volgende morgen een goed ontbijt zouden hebben. Bethany vertelt me dat 'beproeving en genade samen optrekken'.

Onverdiende gaven van gezondheid, jeugd, opleiding, financiële zekerheid, familie en gemeenschap schermen me af van de volle impact van een gebroken wereld. Mijn leven, hoe onvolmaakt ook, heeft een mate van stabiliteit en veiligheid die onvoorstelbaar is voor de meeste mensen op aarde.

Ik heb lijden ervaren, maar ik ken nog steeds niet de ware diepten van menselijke beproeving. Als ik geliefden zie – of zelfs onbekenden – die een leven vol moeite en kwelling doormaken, duizelt het me. Hoe vinden we de goedheid van God te midden van een zware beproeving? Sluit het bestaan van zulke gekwelde levens ons vertrouwen in een liefdevolle God uit? Welke hoop is er voor hele gemeenschappen die onafgebroken lijden? Voor het kind wiens epileptische aanvallen alleen maar erger zullen worden tot ze sterft? Voor de meisjes die zich geen leven kunnen herinneren voor ze verhandeld werden om seks? Voor de verstandelijk gehandicapten die al tientallen jaren in tehuizen wonen of op de straat?

> *Sluit het bestaan van zulke gekwelde levens ons vertrouwen in een liefdevolle God uit?*

In dit gebed vragen we God om medelijden te hebben met de beproefden. Het woord *medelijden* verkeert in zwaar weer. Het lijkt betreurenswaardig ontoereikend voor datgene waar we naar verlangen. Het roept soms een verdedigende houding op zoals bij 'Ik heb je medelijden niet nodig'. Medelijden hebben is delen in iemands verdriet, medeleven betuigen met iemands lijden. In een wereld die geneigd is tot eigen-volk-eerst en woede, tot hardvochtigheid, oordeel en apathie, hebben we allemaal zo veel medelijden nodig als we kunnen krijgen, zowel van God als van anderen.

Opnieuw vormt dit gebed een uitdaging voor mijn uitgangspunten. We vragen God niet om de beproeving meteen weg te nemen – hoewel hij dat zou kunnen, vanuit medelijden. Dat zou ik het liefst vragen: 'Lieve God, maak een einde aan alle beproeving.'

En onze hoop is dat God dat ook zal doen. Op een dag.

Maar op dit moment vragen we God om medelijden te tonen. In dit specifieke gebed vragen we niet om een permanente oplossing, maar om een God die met ons lijdt, want dat is wat medelijden letterlijk betekent. We vragen of God voelt wat wij voelen, om binnen te gaan in de donkere kamer waarin we ons bevinden en bij ons wil zitten in onze pijn en kwetsbaarheid. Het is een gedurfde vraag: dat God zelf lijdt met de alcoholist, het dakloze kind, de alzheimerpatiënt, de bipolaire vrouw die manisch is – dat de Heilige op de een of andere wijze exact en tastbaar voelt wat zij voelen. We vragen of God deze vorm van pijn ziet en er helemaal in binnengaat, niet als toeschouwer maar als iemand die samen met ons lijdt.

Christenen geloven dat God zelf met de beproefden optrekt en dat wij geroepen zijn hetzelfde te doen.

Dat kan een moeilijke roeping zijn. Al vroeg in mijn baan als priester werd het duidelijk dat mijn gemeente heel goed omging met mensen die zich in een crisissituatie bevonden. Als er iemand in het ziekenhuis lag, als er iemand geopereerd werd, zijn baan verloor, of als er een familielid stierf, dan kwamen we langs met stoofpannetjes, gebeden, tranen en hulp. Het was mooi om te zien. Maar het was veel moeilijker voor ons om mee te leven met mensen die langdurig zorg nodig hadden.

Heb je vijf maaltijden nodig na een heupoperatie? Regelen we! Heb je drie maaltijden per week nodig voor de komende tien jaar? Geen idee hoe we dat voor elkaar gaan krijgen. Heb je iedere week een pastoraal bezoekje of twee nodig voor de rest van je leven? Dat is misschien meer dan we op kunnen brengen. Er zijn sociaal werkers in onze gemeente die we opbellen als we te maken krijgen met langdurige, blijvende noden, maar de meeste kerken zijn niet opgezet als een instelling voor maatschappelijk werk. Per slot van rekening zijn we grotendeels afhankelijk van vrijwilligers en er zijn nu eenmaal altijd al wel een paar mensen met een acuut probleem.

Dit wijst ook op een dieper probleem in de bredere kerk, op z'n minst hier in de Verenigde Staten, dat het ons bemoeilijkt om te lijden met de beproefden. We weten vaak niet hoe we moeten optrekken met mensen die een lange weg te gaan hebben met waarschijnlijk geen goede afloop.

Tijdens mijn eigen crisis in 2017 sprak ik met een vriend die landelijk bedieningsleider is. Hij heeft de kerk van Amerika jarenlang geobserveerd en bestudeerd, en bijna terloops zei hij: 'We geloven allemaal ergens in het welvaartsevangelie, toch? We verwachten dat God ervoor zorgt dat ons leven slaagt. En als wij ons aandeel leveren, dan moet hij de dingen goed laten lopen voor ons.'⁴ Zeker, de meeste christenen wereldwijd en in de Verenigde Staten zouden toegeven dat het welvaartsevangelie – de gedachte dat God de rechtvaardigen beloont met gezondheid en welvaart – niet klopt. Dit is geen christelijke theologie. Het is een moderne versie van de 'theologie van de glorie' die Luther veroordeelde. Toch hebben we, ergens diep in ons hart, het gevoel dat God ervan geniet als het goed met ons gaat en dat hij ons afkeurt in onze teleurstellingen of regelrecht negeert. Dit leidt tot een vorm van christelijk geloof die vraagt om oplossingen, om prestaties, en resultaten, en we vinden het lastig om situaties het hoofd te bieden, en anderen te helpen dat te doen, waarin er niet snel een einde zal komen aan het lijden, waar de lasten die mensen dragen niet verlicht zullen worden. We willen dat lijden een duidelijk begin, midden en einde heeft, iets waar we doorheen kunnen komen, een verhaal met een keurig slot. We verzetten ons tegen een christendom zonder directe resultaten, zonder duidelijk ontknoping.

Het leven van mensen die in een zware beproeving zitten herinnert ons er op een ongemakkelijke manier aan dat lijden niet simpelweg een probleem is dat opgelost moet worden.

Ik heb een vriend met een zwaar autistische zoon. Mijn vriend vraagt zich vaak af wat hij moet bidden voor zijn zoon. Ondanks al de worstelingen van het ouderschap waar wij allemaal mee te maken krijgen – zindelijkheidstraining en het omgaan met conflicten, ziekte en verwondingen – verwachten we dat onze kinderen op een dag onafhankelijk zullen zijn en ons minder nodig zullen hebben. Maar de zoon van mijn vriend zal altijd afhankelijk blijven van zijn ouders. Ze zullen hem waarschijnlijk nooit iets horen vertellen over zijn dag, of hem leren hoe hij zijn veters strikt. Mijn vriend houdt van zijn zoon met een diepe, wanhopige liefde en dankzij deze liefde lijdt hij diep, en het einde van dit lijden is niet in zicht. Hij draagt het gewicht van de beproeving van zijn zoon.

Dat is natuurlijk niet het hele verhaal. Mijn vriend vindt ook vreugde en blijdschap in zijn zoon. Glimmend van trots en lachend vertelt hij verhalen over zijn zoon. Zijn zoon dient in hun lokale gemeente en zegent de mensen om hem heen. Maar verdriet is ook altijd aanwezig, toenemend met iedere mijlpaal die zijn zoon waarschijnlijk nooit zal bereiken, iedere normale overgangsrite die hij nooit zal meemaken. Wat is de hoop voor mijn vriend en voor zijn zoon? Hoe ziet gebed er voor hem uit? Hoe ziet het 'overvloedige leven' in Jezus eruit als je leven er in de verste verte nooit uit zal zien als de Amerikaanse droom?

De netelige kwestie van de beproeving en Gods goedheid wordt verder bemoeilijkt door het feit dat we niet alleen een God dienen die niet alle beproeving verwijdert, maar ons er soms ook regelrecht in lijkt te sturen. Het zijn vaak onze overtuigingen, voortgekomen uit de ethische striktheid van het christelijk geloof, die ons wegleiden van het pad van gemak en geluk. Ik heb vrienden die hun zwangerschappen hebben voortgezet, hun kinderen met handicaps hebben gehouden hoewel artsen hun adviseerden om ze te aborteren. Ik heb vrienden die het grootste deel van hun inkomen weggeven, die financiële lasten op zich nemen die ze gemakkelijk zouden kunnen vermijden als ze minder vrijgevig waren. Ik heb vrienden die blijven in ongelukkige huwelijken, die jaar na jaar hulp zoeken bij hulpverleners, en toch volhouden. En ik heb vrienden die single blijven en celibatair leven vanwege hun overtuigingen.

Vervolgde christenen over heel de wereld krijgen te maken met de keuze tussen geloofsverzaking en dood en toch kiezen duizenden voor de dood. Er zijn internationale studenten in mijn eigen gemeente die door hun bekering tot het christendom afgesneden zijn van hun thuis of familie. Door hun doop hebben ze het geplaveide pad van geluk en rijkdom in hun vaderland verruild voor een leven op de vlucht voor vervolging.

Als westerse christenen vinden we het moeilijk om te geloven dat God ons zou roepen tot het omhelzen van welke vorm van pijn ook die niet snel afneemt. We deinzen terug voor een God die beproeving zou toestaan, of wiens ethische standaard dat ooit zou bevorderen. In *De tijdloze kern* staat de beroemde uitspraak van C.S. Lewis: 'Ik werd niet gelovig om gelukkig te worden. Ik wist altijd wel dat een fles port daar genoeg voor was. Als u een geloof wilt waarbij u zich echt behaaglijk voelt, dan kan ik het christelijk geloof zeker niet aanbevelen.' In plaats daarvan raadt hij zelfaanbidding aan, waarvan hij zegt dat het je best gelukkig maakt op de korte termijn; een of ander 'patent Amerikaans middeltje op de markt' doet het ook goed, zo zegt hij – een spiritualiteit die belooft dat alles wat we willen waarschijnlijk is wat God ook voor ons wil.[5]

De waarheid van het christendom leidt tot bloei van de mens. Maar het is altijd een bloei die, om Thomas van Aquino te citeren, 'een zwaarbevochten goed' is.[6] Ron Belgau, een toegewijd celibatair, schrijft: 'Een zwaarbevochten goed is iets goeds wat strijd vereist. Iets goeds wat het vechten waard is. En iets goeds wat leidt tot vrees en verlangen en volharding als we geconfronteerd worden met tegenslag. In Hollywood valt de frase "zwaarbevochten goed" bijna nooit en op Madison Avenue hoor je die ook niet.' En, dat moet ik erbij zeggen, je hoort het in de kerk ook bijna nooit. Maar, zo schrijft Belgau, de redding zelf is een 'zwaarbevochten goed, een schat verborgen in een akker, een parel van grote waarde, waarvoor we maar al te graag alles opofferen.'[7]

Dat het christelijk geloof aanleiding is tot lijden is geen verborgen dimensie van het geloof, iets wat we wegstoppen terwijl we ondertussen een spannend en heerlijk leven beloven. Het is geen verkooptactiek. Jezus roept mensen tot een kruis – om te sterven en hun leven te verliezen zodat ze het zouden vinden. Als het om PR ging, was hij een ramp. Hij was geen verkoper. Maar hij dronk daarentegen zijn eigen gif. Hij was eerlijk over de prijs van discipelschap en over de pijn die niet gemakkelijk verdwijnt. Hij omhelsde dit alles met medelijden, en met zijn eigen lichaam.

Ik weet niet waarom God beproeving toestaat, maar dit weet ik wel: hij is te vinden onder de beproefden.

In mijn werk heb ik van veel mensen gehoord dat hun leven in Christus gevormd is door beproeving – hun eigen beproeving of die van degenen van wie ze houden. Ik ontmoette een man die het grootste deel van zijn dag zorgt voor zijn moeder die vergevorderde dementie heeft. Hij vertelde me dat hij nooit had bedacht dat het helpen van zijn moeder een vormende geestelijke oefening in zijn leven zou zijn. Die ontdekking heeft hem veranderd.

Ik was verbaasd. Hoe kon het dat hij iets wat zo'n grote zelfverloochening was en wat zo heerlijk dicht bij het medelijden van God zelf kwam niet zag als een geestelijke oefening? Hij vertelde me: 'Omdat ik er nooit voor zou hebben gekozen.'

We zien geestelijke praktijken vaak als dingen die wij ondernemen, zoals het lezen van de Schrift, gebed of kerkgang. Dat zijn de duidelijk geestelijke onderdelen van onze dag. De rest van ons leven is gewoon waar we doorheen moeten, het trage gedoe van tijd, toeval en levensloop. Maar vaak zijn de meest fundamentele en vormende geestelijke oefeningen in ons leven de dingen waar we nooit voor zouden hebben gekozen. De meest diepe Godsontmoetingen zijn vaak te vinden in de beproeving.

> *Vaak zijn de meest fundamentele en vormende geestelijke oefeningen in ons leven de dingen waar we nooit voor zouden hebben gekozen.*

In zijn boek *Strong and Weak* schrijft Andy Crouch over zijn nichtje Angela die geboren is met de genetische afwijking Trisomie 13. Tegen alle verwachtingen in leefde ze nog steeds toen ze elf was, maar ze kon niet zien, horen of lopen. Crouch schrijft: 'Ze kon niet zelf eten of in bad gaan; ze wist niets van taal. We konden slechts gissen wat ze wist van haar moeder, vader, grootouders, broers en zussen.' Is dit tot bloei komen? Crouch geeft toe dat Angela niet tot bloei kan komen volgens 'een definitie die ons wordt aangereikt door een welvarende consumptiecultuur.' En toch, zo zegt hij, komen dankzij Angela's leven, zelfs in de beproeving, de mensen om haar heen tot grotere bloei. Hij schrijft: 'De ware test voor iedere menselijke gemeenschap is hoe die zorgt voor de meest kwetsbaren, mensen zoals Angela die zelfs niet kunnen voorwenden enige onafhankelijkheid of autonomie te bezitten.'[8] Dankzij Angela's grote kwetsbaarheid zijn haar dokters, familie en vrienden in staat om goed voor haar te zorgen, en dit schept gemeenschappelijke bloei voor degenen om haar heen, op een manier die ze anders nooit hadden gekend.

Moeder Teresa heeft gezegd dat de beproefden Christus zijn in zijn meest 'verontrustende vermomming'.[9] Hij toonde medelijden met de beproefden, en via hen, met ons. Hij legt de lege belofte van een consumptiemaatschappij bloot en van een consumptiegeloof – dat gemak, voorspoed, gezondheid en vervulling in het heden ware overvloed zijn. Beproefde mensen ontmaskeren de leugen dat het leven van dit leven en het kennen van God de moeite waard zijn dankzij het genot dat ik uit mijn dagen kan wringen.

Het leven is vol beproeving, en de weg van Jezus is zwaar. Hij heeft nooit anders beloofd. Wat hij belooft is overvloedig leven, en om een idee te krijgen hoe dat eruitziet, moet je je een leven lang oefenen in deze kunst van het christelijk geloof. Maar de beproefden leren mij dat het niet is wat ik denk dat het is; het is geen volmaakt huwelijk of een leven vol eindeloos succes. Het is altijd een kruis en een opstanding.

Waar wij het bestaan van beproefde mensen aanvoeren als bewijs van Gods afstandelijkheid, vertellen beproefde mensen zelf vaak over zijn nabijheid. Ik ben regelmatig verbijsterd over het feit dat diegenen die een beproeving meemaken regelmatig op God vertrouwen op een manier waar de rest van ons moeite mee heeft.

In zijn boek *Enduring Divine Absence* bespreekt de filosoof Joseph Minich hoe scepticisme groeit te midden van rijkdom, gemak en bevoorrechting. De afwijzing van geloof in God vind je het vaakst, zo zegt hij, 'onder blanke welgestelden'.[10]

De komiek Neal Brennan maakt er een grap over: 'Grappig, ik ken veel witte atheïsten, maar ik ken maar weinige zwarte, en ik heb een theorie waarom dat zo is: omdat atheïsme eigenlijk bij uitstek een blank privilege is ... Denk er eens over na: religie zegt in feite: "Zeg, kunnen we je warm maken voor een hiernamaals?" En blanke mensen zeggen allemaal zoiets als: "Nee, dank u." Zoals, "Waarom? Hoeveel beter dan dit kan het worden?"'[11]

Onder de armen, zowel hier in de Verenigde Staten als nog veel sterker in ontwikkelingslanden, bloeit het geloof – en niet de gelikte, vrijblijvende spiritualiteit die populair is onder stadsbewoners in het Westen, maar de meer traditionele, orthodoxe variant van het geloof. Aan het begin van de twintigste eeuw bevond 80 procent van alle christenen zich in Europa en Noord-Amerika, terwijl slechts twintig procent in de niet-westerse wereld leefde. Nu is het bijna omgekeerd – twee derde van de christenen wereldwijd leeft op het zuidelijk halfrond. Dit komt niet zozeer door neergang van het geloof in het Westen maar door de explosieve groei van de kerk in de rest van de wereld.[12]

Ik zie dit in mijn eigen anglicaanse gemeenschap, waar het christelijk geloof afneemt in de welvarende westerse landen en bloeit op het zuidelijk halfrond. Natuurlijk zijn niet alle anglicanen in Afrika, Latijns-Amerika en Azië arm of leven ze in beproeving, maar velen krijgen te maken met tegenslagen, armoede en religieuze vervolging waar ik me geen voorstelling van kan maken. En toch vertrouwen ze op God op een manier die me versteld doet staan.

Neem bijvoorbeeld aartsbisschop Benjamin Kwashi. In 2008 werd hij de anglicaanse aartsbisschop van Jos, een regio aan de omstreden grens die het noordelijke islamitische Nigeria scheidt van het zuidelijke grotendeels christelijke Nigeria. Gedurende zijn bediening heeft hij gezien hoe honderden kerken werden opgeblazen. Zijn vrouw werd geslagen en verkracht door terroristen, en hij werd bij verschillende gelegenheden bijna vermoord. Te midden van deze vervolging was aartsbisschop Kwashi in staat om te zeggen: 'Als God mijn leven spaart, hoe kort of lang ook, heb ik iets wat het waard is om voor te leven en te sterven. En dus ga ik dat snel en volhardend doen. Die vorm van geloof geef ik door aan de volgende generaties. Deze wereld is niet ons thuis, we zijn hier vreemden, we hebben werk te doen, dus laten we aan de slag gaan.'[13]

Hoewel de statistieken laten zien dat hier in het Westen met name jonge mensen afdwalen naar ongeloof, deels vanwege het probleem van het kwaad, lijkt onze welvaart veel meer twijfel te veroorzaken dan beproefden vinden in hun beproeving.

Een gebruikelijke uitleg hiervoor is dat mensen die lijden de kruk van een kosmische troost nodig hebben, terwijl de gezonde en welvarende mensen, met hun geavanceerde medicijnen, werkende boilers en ambachtelijk gebrouwen bier zo'n hulpmiddel wel kunnen missen.

Maar ik durf te betogen dat ieder van ons – iedere man, vrouw en kind – met krukken loopt. We hebben allemaal hulp nodig. We hebben iets nodig om ons gewicht te dragen. In onze diepste en meest pure vorm zijn we allemaal enorm kwetsbaar.

Beproefden openbaren wie wij ten diepste zijn. We ontmoeten Jezus in zijn 'verontrustende vermomming' en in hem zien we wie de mens ten diepste is. Alles waar we op vertrouwen om ons leven te laten werken, van het elektriciteitsnetwerk tot ons eigen verstand, kunnen we kwijtraken. Al onze zogenaamde kracht en autonomie is broos. Als de meest kwetsbaren onder ons God als kruk nodig hebben om het gewicht van hun leven te dragen, misschien zijn zij dan gewoon eerlijker over wat wij allemaal nodig hebben. Tegenspoed kan nederigheid voortbrengen, die ons in staat stelt om God duidelijker te zien, omdat we eerlijker worden over wie wij nu echt zijn. Misschien wordt geestelijke honger – die we met geld, voorrechten en gezondheid onderdrukken maar nooit stillen – niet geboren uit naïviteit, maar uit realiteitszin.

We hebben allemaal voortdurend steun nodig. We hebben allemaal Gods medelijden nodig.

Een paar jaar geleden werd ik geconfronteerd met een afschuwelijk onrechtvaardige situatie overzee. Kinderen werden gebruikt als lokaas om geld van Amerikaanse adoptieouders in het laatje te brengen, maar degenen die het weeshuis bestuurden deden er vervolgens niets aan om de procedures voor de adoptie daadwerkelijk te doorlopen. En dus zaten deze kinderen vast. Ze waren gevangenen, gebruikt om winst mee te behalen en voortdurend weggehouden van de gezinnen die zo wanhopig naar hen verlangden. Het was illegaal, maar de wetshandhavers werden omgekocht. Er kon niets worden gedaan voor deze kinderen, die tot de allerarmsten behoorden, wezen in een verafgelegen deel van Oost-Azië.

Ik was pas net moeder toen ik over deze situatie hoorde en ik kon niet naar mijn eigen kind kijken zonder de gezichten van deze kinderen te zien. Ik was witheet van moederwoede. Ik kon niets doen om deze kinderen te redden en het leek alsof er geen gerechtigheid zou zijn. De situatie was hopeloos. De enige troost die ik kon vinden was dat God zag wat er gebeurde en dat hij onrechtvaardigheid oordeelt.

Ik heb weinig met het beeld van Jezus als rechter. Ik neig meer naar mijn hippieversie van Jezus, met een bloem achter zijn oor. Ik voel me aangetrokken tot zijn genade, zijn vriendelijkheid, zijn schoonheid. Maar als ik geconfronteerd word met mensen die lijden door diepgewortelde onrechtvaardigheid, dan verlang ik naar een God die ziet, en die het opneemt voor mensen die door de wereld in de steek worden gelaten.

Uiteindelijk hopen we niet alleen dat Christus gevonden wordt onder mensen die in beproeving leven, maar dat er aan de beproeving zelf een einde komt. We hopen – en bidden – dat Gods medelijden werkzaam is, dat God er op beslissende wijze aan zal werken om mensen die zwaar beproefd worden herstel te geven en iedere oorzaak van beproeving te oordelen, tegen te werken en te vernietigen.

Als we geconfronteerd worden met beproeving, verlangen we naar de dag waarop alles wat gebroken is – in ons lichaam, in de natuur, in relaties, in de maatschappij, in de politiek, in de wereldwijde economie – geheeld zal worden en rechtgezet. We verlangen naar een 'einde' aan beproeving in beide betekenissen van het woord – dat er een *telos*, een einddoel is voor al dit ogenschijnlijk onnodige en willekeurige menselijke lijden, maar ook dat de beproeving zal worden overwonnen en vernietigd. Dit is onze hoop: dat de hemel de aarde binnenvalt en dat alles wat nu verborgen is geopenbaard zal worden voor het oordeel en de genade van Jezus, dat hij zal oordelen over allen die misbruik hebben gemaakt van de zwakken en iedere duistere macht die wanhoop en pijn in deze wereld brengt. Dit visioen van de toekomst vormt de basis voor onze honger naar rechtvaardigheid hier en nu.

> *De vorm van onze gebeden bepaalt de vorm van ons leven.*

De vorm van onze gebeden bepaalt de vorm van ons leven. Door iedere avond te bidden voor mensen die onafgebroken lijden, wordt onze missie in de wereld gevormd.

We kunnen God niet vragen om medelijden te hebben met de beproefden – om met hen te lijden en hen te bevrijden van hun beproeving – zonder ons bij God aan te sluiten in dat werk van medelijden. We doen ons best om te zorgen voor de beproefden, om de waardigheid van ieder mens te bevestigen als beelddrager van God. We vechten voor systemen en wetten die rechtvaardigheid bevorderen en de zwakste en meest weerloze mensen tot bloei laten komen. We vragen God om medelijden te hebben met wie lijden en daaruit volgt dat we ons geld, onze gezondheid, tijd en opleiding en privileges gebruiken om hen ook te zegenen, of ze nu op een ander continent leven of in onze eigen woonkamer.

Als kerk proberen we om een volk te zijn dat actief meeleeft met de beproefden, wetend dat God zich met hen vereenzelvigt in hun beproeving. We zullen niet alles rechtzetten – in de verste verte niet. Er komt geen einde aan al het lijden. We zullen de hemel niet op aarde brengen. Maar we kunnen en moeten ons verzetten tegen het duister, terwijl we wachten op het ochtendgloren.

12

Bescherm wie blij zijn

Dankbaarheid en overgave

Toen ik een paar maanden op weg was met dit boek ontdekten Jonathan en ik tot onze grote verrassing dat ik zwanger was. We hadden twee kinderen ontvangen, en daarna verloren we twee kinderen door miskramen. Twee jaar later is het weer zover. Zwanger. Op veertigjarige leeftijd. Ik was dolblij en doodsbang tegelijk, en bang om blij te zijn.

Blijdschap is risicovol in deze gevallen wereld.

Vreugde vraagt moed. Kwetsbaarheid is duidelijk zichtbaar in lijden en verdriet, maar we proeven het ook door simpelweg te weten dat we in een gevallen wereld leven waar we nooit weten wat ons om de bocht te wachten staat.

Daarom praat ik mezelf aan dat als ik niet blij ben of feestvier het verdriet misschien, heel misschien niet zo veel pijn zal doen als het plotseling opdoemt. Ik dek mezelf in, met het zwaard van Damocles boven het hoofd, en bescherm mezelf tegen de pijn door verwondering en schoonheid te mijden. Ik probeer mezelf af te schermen voor teleurstelling door vreugde niet te omhelzen.

In dit gebed erkennen we de kwetsbaarheid van vreugde. We vragen God om mensen die blij zijn te beschermen, om dat deel in ons te beschermen dat moedig genoeg is om te geloven dat er goede dingen gebeuren.

Want er gebeuren goede dingen. Een verbijsterend deel van

onze wandel met een God die niet verhoedt dat er slechte dingen gebeuren maakt duidelijk dat hij ook goede dingen laat gebeuren – en vaak. God is wanhopigmakend onvoorspelbaar en vrij.

Iedere dag van ons leven bevat onafgebroken schoonheid, genade, geschenk na geschenk. Dagelijks worden er gezonde baby's geboren. Huwelijken herstellen na de grootst mogelijke problemen. Velen van ons – niet allen – worden elke dag wakker met een lichaam dat werkt. We kunnen goed werk doen, theezetten, wandelen, de herfstlucht inademen en de bladeren horen knisperen onder onze voeten. We lachen. We dansen. We genezen. Kanker trekt zich terug. Mensen herstellen van ziekte. Mango's groeien. Dood koraalrif herstelt zich langzaam. Deze dingen gebeuren, en ze vinden plaats dankzij genade. Het zijn geschenken van God die we met open handen mogen ontvangen.

We moeten leren om God te vertrouwen, zelfs om goede dingen van hem te ontvangen. En het leren ontvangen van goede dingen van God is moeilijk, vooral als je pijn hebt ervaren. Het is moeilijk om op goedheid en schoonheid te leren vertrouwen. Het vereist oefening om een donkere wereld onder ogen te zien, maar ook om te vragen om – en te hopen op – licht.

Vreugde riskeren vereist hoop. En hoop is het tegenovergestelde van bezorgdheid. Ik maak me vaak zorgen. Ik overdrijf de dingen. Ik stel me in op het ergste. Deze gewoonte brengt me ertoe om, zoals ze in het Zuiden zeggen, 'problemen op te roepen'. Er kunnen afschuwelijke dingen gebeuren, en daarom begin ik daar al van tevoren over te rouwen – je kunt er niet vroeg genoeg bij zijn.

Hopen is 'genade oproepen'. Het is geen naïef optimisme. Hoop geeft toe dat we kwetsbaar zijn. Het gaat er niet van uit dat God alle slechte dingen voorkomt, maar het gaat ervan uit dat er voor ons verlossing, schoonheid en goedheid zullen zijn, wat er ook in het verschiet ligt.

Toen we erachter kwamen dat we weer zwanger waren, riepen we onze dochters erbij om het hun te vertellen. Onze jongste dochter reageerde door uitgelaten op en neer te springen en rondjes te draaien en mijn dikke buik te kussen. Onze oudste barstte in tranen uit en legde haar hoofd in haar vaders schoot, terwijl ze jammerde, 'De baby zal weer doodgaan!' Ze herinnerde zich nog goed het gevoel van hoe wij als gezin knock-out werden geslagen door hartzeer. Ze herinnerde zich de begrafenis nog van haar ongeboren broertje. Deze nieuwe aankondiging, hoe vreugdevol ook, bracht de oude pijn en trauma weer terug. Liefde neemt altijd risico's mee, en opnieuw liefhebben betekent opnieuw risico lopen.[1]

In hun tweeledige reactie op ons nieuws belichaamden mijn twee dochters de strijd die gaande was in mijn eigen ziel. Ik was hoopvol en opgewonden. Ik wilde de vreugde van dit goede nieuws omhelzen. Maar door zwanger te zijn stelde ik mijzelf bloot aan potentieel hartzeer. We konden onze dochter niet beloven dat deze baby niet zou sterven. We hadden geen idee of onze blijdschap zou veranderen in rouw of onze rouw in blijdschap. We moesten wachten in het onbekende, en hoop de kans geven om zich langzaam te ontvouwen, zonder enige garantie op hoe dit verhaal zou aflopen.

Die avond was onze oudste dochter, een kunstenaar in de dop, uren druk met het maken van veel tekeningen die allemaal hetzelfde thema hadden: haar nieuwe broer. Ze tekende ons als gezin met een baby, haarzelf als tiener met een klein broertje, haar broertje dat leerde lopen. Dit was haar manier om zich uit te strekken naar hoop. Ze bad met haar potlood en krijtje. Ze zette de dappere stap van zichzelf toestaan om weer opwinding te voelen en door dat te doen stelde ze zichzelf bloot aan de mogelijkheid van pijn. Ze riskeerde de kwetsbaarheid van vreugde, vertrouwend op God dat dit geen slecht risico was – niet omdat we konden rekenen op welke uitkomst dan ook, maar omdat we erop konden rekenen dat God ons zou beschermen.

Ik moet steeds weer opnieuw leren om vreugde te riskeren, om mijzelf welbewust te trainen in hoop. Een vriendin gaf me een paar babylaarsjes die ze voor onze zoon had gehaakt. Kleine, schattige laarsjes met leren zooltjes in groen en bruin. Ik besloot ze op onze schoorsteenmantel te zetten, waar ik ze maandenlang liet staan, wachtend op onze zoon. Dit was mijn oefening in vreugde, ze daar laten staan op die ereplaats als teken van hoop. Maar het was ook alsof ik ze op een altaar legde, wachtend om te ontvangen wat God me zou geven.

Een trage, koude rivier doorsnijdt het land achter het huis van mijn grootouders (nu het huis van mijn moeder). Het is mijn favoriete plekje. Het ligt midden in Texas en zelfs in jaren waarin de droogte het land verschroeit en de oogst vernietigt, blijft de rivier stromen. De bron ervan is een diepe ondergrondse waterhoudende grondlaag, waar zo'n tweehonderd bronnen ontspringen uit scheuren in de rotsen diep onder het oppervlak. Die bronnen zijn daar al sinds de dageraad van de tijd, en ik vermoed dat de rivier zal blijven stromen zolang de aarde zelf bestaat.

Dit is mijn beeld bij vreugde – deze plek van schoonheid, deze onwrikbare aanwezigheid. Ik steek mijn hand in het rimpelende water, maar wat ik aanraak is slechts het oppervlak van een diepe stroming die het nooit laat afweten.

Christenen hebben wat theologen een sacramentele visie op de werkelijkheid noemen.[2] We geloven dat al het aardse de heilige aanwezigheid van God in zich draagt. Als we genot, verwondering of glorie vinden, raken we aan een onwrikbare werkelijkheid: Gods eigen waarheid, schoonheid en goedheid. We verheugen ons in deze dingen, omdat ze delen in God.

Na een meditatie over kwetsbaarheid en verlies roept dit gebed de adembenemende lieflijkheid en lichtheid in herinnering die, ondanks het hartzeer, in de wereld aanwezig blijven.

Zoals dit gebed ons eraan herinnert dat er iedere nacht mensen zijn die ziek zijn of sterven of lijden of beproeving ervaren, zo herinnert het ons ook aan diegenen wier nacht schittert van schoonheid, hoop en vreugde. Ergens is er een jong stel dat hun eerste avond samen doorbrengt als man en vrouw. Er zijn reizigers die het noorderlicht zien. Er zijn mensen die toasten met champagne. Er zijn gezinnen die gezellig samen in hun pyjama's hun favoriete film kijken. Er zijn vrienden die samen eten, verhalen vertellen, druk pratend met elkaar, die niet willen dat er een einde komt aan de avond.

Deze momenten zijn sacramenteel. Ze delen in een heilige en onwrikbare werkelijkheid.

Toch weten we hoe we deze goede gaven kwijt kunnen raken – en op een dag, als we sterven, zullen we alles een poosje kwijt zijn.

En toch geloven we dat de vreugde zal blijven. Daarom moet vreugde meer zijn dan simpelweg geluk.

Wat de apostelen zeggen als ze spreken over blijdschap klinkt nogal vreemd. Jakobus gaat zover dat hij zegt dat als we te maken krijgen met beproevingen dat 'ons tot grote blijdschap [moet] stemmen' (Jakobus 1:2). Dit slaat alleen ergens op als vreugde een vast fundament kent. In de diepste beproeving, als nergens iets van geluk te vinden is, houden de waarheid, goedheid en schoonheid uit onze gelukkigste momenten niet op om echt of betrouwbaar te zijn. Als goede gaven verloren gaan, blijft de Gever – en de Gever is de diepste bron van vreugde, de realiteit waarnaar een sacramentele werkelijkheid wijst.

Daarom omhelzen christenen zonder zich te schamen de blijdschap van goede, aardse geschenken, terwijl we ook een blijvende vreugde verkondigen die zelfs standhoudt als alle genot weggebrand is.

Daarom omhelzen christenen zonder schaamte de blijdschap van goede, aardse geschenken, terwijl we ook een blijvende vreugde verkondigen die zelfs standhoudt als alle genot weggebrand is. Blijdschap beoefenen is dus zoeken naar de bron van alles wat lieflijk is en helder straalt.

Een negen jaar oud jongetje bij mij in de kerk kreeg van zijn moeder de vraag wat dit gebed 'bescherm wie blij zijn' zou kunnen betekenen. Hij antwoordde dat we God vragen om 'mensen te beschermen die een feestje vieren, zodat ze kunnen feesten in

vrede en niet gestoord worden door een of andere gemene gast.'
Ik denk dat dit een briljante interpretatie is. Dit gebed is niets minder dan een smeekbede aan God om het feest te beschermen – zodat wie feestvieren kunnen feesten in vrede.

We worden geroepen tot het feest. Maar om onszelf te oefenen in het vieren hebben we Gods bescherming nodig tegen wanhoop, verdriet, kwaad en ja, van tijd tot tijd ook 'gemene gasten'. Vieren zelf is eeuwig, en in het hier-en-nu is het onmisbaar, maar tegelijk ook kwetsbaar.

Toch kunnen we vreugde omhelzen in een donkere wereld, niet als een mierzoete daad van ontkenning of misleiding, maar omdat we weten dat genot voortvloeit uit een onveranderlijke bron. Ware vreugde vloeit niet voort uit voorrechten of welvaart, maar uit de diepste bronnen van genade.

Blijdschap is zowel een geschenk als een oefening, maar het is niet in de eerste plaats een gevoel, zoals zelfbeheersing of trouw dat ook niet zijn. Het is een spier die we kunnen versterken door oefeningen.

Henri Nouwen beschreef vreugde als 'de ervaring te weten dat je onvoorwaardelijk geliefd bent en dat niets – ziekte, falen, emotionele stress, onderdrukking, oorlog of zelfs dood – die liefde kan wegnemen'. Hij legt uit dat blijdschap ons niet toevallig overkomt. Iedere dag kiezen we voor (of tegen) blijdschap. 'Het is een keuze,' zo zegt hij, 'gebaseerd op de kennis dat we horen bij God en dat we in God onze schuilplaats en veiligheid hebben gevonden en dat niets ... God van ons af kan nemen.'

Omdat vreugde voortvloeit uit 'de wetenschap dat God van ons houdt', blijft het, zelfs als we te maken krijgen met teleurstelling of verdriet. Nouwen schrijft: 'We zijn geneigd om te denken dat als we bedroefd zijn, we niet blij kunnen zijn, maar in het leven van iemand die op God gericht is, kunnen verdriet en vreugde samen opgaan.'[3]

Vreugde oefenen is niet optimisme cultiveren, vrolijkheid voorwenden of pijn bagatelliseren. Zoals een zwemmer zijn slag oefent of iemand die aan yoga doet *downward dogs* oefent, openen we onszelf bewust en regelmatig voor Gods onvoorwaardelijke liefde. We oefenen het leven in het besef dat zijn liefde dieper en wezenlijker is dan al die noden die wij aan God voorleggen.

De band Modest Mouse heeft een fantastisch album gemaakt met een even fantastische titel: *Good news for people who love bad news.* Er zijn christenen die twijfel en ontmoediging wegmoffelen, en geestelijk leven afschilderen als een halleluja roepende uitbundigheid die geen ruimte biedt aan rouw of verdriet. Maar er zijn er ook die houden van slecht nieuws. We kunnen helemaal opgaan in het duister en, hoe onbedoeld ook, het licht negeren in de naam van harde waarheidsgetrouwheid. We voeden iedere twijfel, tellen iedere traan, en beschermen ons tegen pijn door hoop de deur te wijzen. We moeten leren, door oefening, om mensen te zijn die goed nieuws omhelzen (zelfs voor mensen die houden van slecht nieuws).

Vreugde te midden van de duisternis moet nooit nep of gemaakt zijn, maar je kunt er wel voor kiezen. En het is een kwetsbare en moedige keuze.

> *Kiezen voor blijdschap is heel het bestaan zien als een geschenk, en daarom is de oefening in vreugde onlosmakelijk verbonden met de oefening in dankbaarheid.*

Kiezen voor blijdschap is heel het bestaan zien als een geschenk, en daarom is de oefening in vreugde onlosmakelijk verbonden met de oefening in dankbaarheid. Dankbaarheid leidt tot blijdschap, omdat dankbaarheid ons leert om het leven op dit moment te ontvangen als een geschenk, ongeacht wat ons te wachten staat. 'Het is het echt bekeerde leven waarin God het centrum van alles is geworden,' zegt Nouwen. 'Daar is dankbaarheid vreugde en vreugde dankbaarheid en wordt alles een verrassend teken van Gods aanwezigheid.'[4]

Tijdens de onzekerheid van mijn nieuwe zwangerschap kreeg ik van een geestelijk leider in mijn kerk het advies om een 'gebed van overgave' te bidden. Het beoefenen van dit type gebed is een daad van het loslaten van je eigen controle, plannen, zelfs je verlangens, door jezelf helemaal over te geven aan de onvoorspelbare wil van God, waar dat ook toe leidt.

Duizenden jaren geleden bad een nieuwe moeder een gebed van overgave. Toen Maria een engel ontmoette die haar vertelde dat ze zwanger zou worden van een zoon, stond ze niet meteen te springen van blijdschap. Ze 'schrok hevig'. Maria was jong en vanzelfsprekend bang. Ze werd in het diepe van een mysterie gegooid. Ze was niet naïef. Ze wist dat vreugde niet goedkoop verkrijgbaar is. Ze wist dat vreugde beschermd moet worden. Ze was geschrokken en hoewel haar schrik waarschijnlijk veel extremer was dan die van de rest van ons (weinig mensen onder ons hebben een engel gezien), kent ieder die wacht, balancerend tussen vreugde en pijn, iets van de mengeling van ontzag en verschrikking, hoop en vrees, die Maria die dag ervoer. Maar in haar reactie op de engel zien we haar een draai maken naar een plek van blijdschap: 'De Heer wil ik dienen: laat er met mij gebeuren wat u hebt gezegd' (Lucas 1:38). In dat moment zien we een gebedspatroon. Maria vertrouwt God. Ze zegt, of dat nu vol enthousiasme is of met een zucht: 'Oké, ik wil U dienen. Doe wat U wilt.'

Dit is het gebed waartoe mijn geestelijk leider me uitdaagde. En ik zei 'nee' tegen haar. Ik protesteerde. Ik zei haar dat het na twee zware jaren en twee miskramen niet moeilijk voor me was om te geloven dat ook deze zwangerschap zou kunnen uitlopen op een tragedie; wat voelde als een uiterste inspanning was mezelf hoop gunnen, mezelf toestaan om oprecht iets te verlangen voor Gods aangezicht. Ik wilde me niet overgeven! Ik wilde mezelf openstellen voor het risico van verlangen, van vieren, zelfs als dat uiteindelijk tot meer teleurstelling zou leiden. We zijn geen boeddhisten, wierp ik tegen; we hoeven de goedheid van het verlangen niet te ontkennen. Het christelijk geloof ziet verlangen in zichzelf niet als slecht of als de wortel van lijden. De oproep tot overgave klonk me te veel als een oproep tot neutraliteit, tot ontkennen wat ik wilde in ruil voor een keurige vroomheid. Zo betoogde ik.

Ze reageerde geduldig. Het gebed van overgave, zo zei ze, ontkent niet wat we verlangen. Het vraagt ons niet om oneerlijk te zijn tegenover God. In plaats daarvan staan we onszelf bij deze vorm van bidden toe om onze verlangens toe te geven tegenover God en onszelf, maar om God voldoende te vertrouwen om Hem onze verlangens te laten relativeren. Een gebed van overgave ontkent de goedheid van verlangen niet, maar het is een besluit – voor zover we daartoe in staat zijn – om meer te verlangen naar God. Met dit gebed vragen we om te willen wat God wil. Maria's reactie is een patroon dat we toepassen. Deze vreemde manier van bidden – en leven – leidt tot vreugde: 'Laat er met mij gebeuren wat U hebt gezegd.'

Ik geef toe dat deze vorm van bidden voor mij nog steeds voer lijkt voor supergelovigen. Verlangen en vertrouwen, begeerte en heilige overgave bijeenhouden lijkt een onbereikbaar niveau van geestelijk talent. Maar ik heb een gebed om te bidden en een patroon dat ik kan volgen.

> Verlangen en vertrouwen, begeerte en heilige overgave bijeenhouden lijkt een onbereikbaar niveau van geestelijk talent.

Flannery O'Connors nederigheid over haar eigen verlangen en lijden geeft me hoop. Toen zij als dertiger ziek was en stervend aan lupus, schreef ze aan een vriend: 'Ik kan dit alles, met één scheel oog, zien als een zegen.'[5] Dit is de vorm van overgave die leidt tot vreugde. God is betrouwbaar en wat hij geeft is een zegen, zelfs als we scheel moeten kijken om het te zien.

Liefde en verlies zijn een dubbele helix aan deze kant van de hemel. Je kunt het een niet krijgen zonder het ander. Gods roeping voor ons leven eist onvermijdelijk dat we beide op het spel zetten. We ontmoeten deze bonte realiteit in de meest betekenisvolle delen van ons leven: in onze worsteling door het huwelijk of alleen-zijn en celibaat heen, in het liefhebben en opvoeden van kinderen, in ons werk, in het dienen van de kerk.

Telkens als ik bid 'Bescherm wie blij zijn' denk ik aan mijn jongste dochter. Haar bruine ogen zijn de meest stralende die ik ooit heb gezien. Ze is vrolijk en uitbundig en lijkt lachend uit mijn buik gekomen. Iedere moederlijke impuls in mij wil haar enthousiaste onschuld in leven houden. Ik wil niet dat haar ogen dof worden door verdriet. Ik wil niet dat ze ontdekt hoe hard het leven is. En toch is mijn gebed dat ze beschermd zal blijven tegen alle pijn vaak geworteld in angst en wantrouwen, niet in geloof.

Als Maria's zoon, de gever van alle vreugde, pijn kende, dan zal mijn dochter die ook ervaren. Als ik dus bid of God beschermt wie blij zijn, dan bid ik niet dat God alle omstandigheden voor haar gunstig zal laten uitvallen of dat haar vreugde nooit vermengd zal worden met verdriet.

In plaats daarvan bidden we dat God zelf ons beschermt, zodat we, als kleinere vreugden verdwijnen, als we geconfronteerd worden met verdriet, langzaam maar zeker ontdekken waar blijvende blijdschap te vinden is. We bidden dat diep onder het oppervlak van ons leven, hoe licht of zwaar ook, er een diepe bron van vreugde zal zijn, een voortdurende stroom van liefde die nooit op zal drogen.

Deel 4

Hoogtepunt

Dit is wat wij Hem hebben horen verkondigen en wat we u verkondigen:
God is licht, er is in Hem geen spoor van duisternis.
1 Johannes 1:5

In deze scène in de schaduwen
Alsof er nooit een einde komt aan de nacht,
Wordt er kwaad overal om ons heen gestrooid,
Maar het is liefde die het stuk schreef.
David Wilcox, 'Show the way'

13

Alles omwille van uw liefde

Ochtendgloren

Het leven van een christen is meer een gedicht dan een encyclopedie.
De dichter Scott Cairns schrijft: 'Een van de redenen waarom ik zo geniet van poëzie ... is dat een goed gedicht erop staat dat een lezer leert recht te doen aan meerduidigheid en dat hij leert om mee te gaan in de suggestieve mogelijkheden die een gedicht biedt ... Dat wil zeggen, een goed gedicht – zelfs een redelijk goed gedicht – is nooit klaar met zeggen wat het te zeggen heeft.'[1] Wat voor poëzie geldt, is evenzeer waar voor het christelijk leven. Verwarring zit in het christelijk geloof ingebakken. Het is van nature verwarrend. Wij hebben niet zozeer een geloof van verklaring, maar van verlossing.

Dat betekent niet dat het christendom een compleet raadsel is, of een wassen neus die we vormgeven naar onze zin. Het christelijk leven is geen encyclopedie, maar ook geen vrij vers. Net als poëzie heeft het beperkingen – zelfs regels, zoals in een sonnet. De christelijke geloofsleer is onze grammatica en syntaxis; die geeft het christelijk leven samenhang. Dogmatische waarheid verwerpen ten gunste van een zelfbedacht, vrije-vormgeloof is net zo onzinnig als een dichter die het alfabet afwijst of de woorden zelf. Deze waarheden uit de Schrift, die ons zijn overgedragen door de kerk, zijn de enige weg het gedicht in. Als we die verlaten, missen we de poëzie volledig. En toch, net als bij een gedicht, zijn letters of woorden geen doel op zich, maar hulpmiddelen die ons iets groters intrekken. Het doel is niet het alfabet of de structuur van het sonnet, maar het mysterie en de betekenis die daarin geopenbaard worden, wat bij het christendom de drie-enige God zelf is. Maar in de poëzie van het christelijk leven – de geloofsbelijdenissen, aanbidding en ethiek – is er altijd iets wat overblijft, een ruimte die we niet netjes in kaart krijgen. Er is veel wat we niet kunnen weten over God.

Daarom betekent christen-zijn dat je ruimte geeft aan meerduidigheid. Het vereist een bereidheid om het mysterie te verduren en om toe te geven dat de menselijke kennis beperkt is. God geeft ons niet meer dan de noodzakelijke informatie, en er lijkt veel te zijn wat we niet hoeven te weten.

Maar als we God willen vertrouwen te midden van die verwarring, moeten we leren (en blijven leren) dat het christelijk leven, als het poëzie is, een liefdesgedicht is. Daar valt meer over te zeggen. Het gedicht omvat ook rouw, boosheid, zelfs woede. Het vertelt verhalen en maakt lijsten. Maar het kloppende hart van het gedicht en de sleutel tot het, zij het beperkte, verstaan ervan, is een levende, stervende en verrijzende God van liefde.

God is groter en geheimzinniger dan we kunnen bevatten, en toch heeft Hij zichzelf geopenbaard. Hij liet zich zien en vertelde ons wie Hij is. God heeft gesproken. En wat Hij heeft gezegd, in Christus, is dat Hij van ons houdt en er voor ons is. Dit is de fundamentele poëzie die heel ons leven vormt.

Een van mijn favoriete liedjes is van de folkzangeres Julie Miller. Het heet 'The speed of light'.[2] Het liedje is te vinden op een album dat Miller schreef in een donkere periode. Ze leed aan fibromyalgie en rouwde om de plotselinge dood van haar geliefde broer.[3] In deze periode pende ze deze woorden neer: 'Het enige wat niet verandert, en al het andere herschikt, is de snelheid van het licht, de snelheid van het licht. Uw liefde voor mij moet zijn als de snelheid van het licht.'

De snelheid van het licht in een vacuüm – 299.792.458 meter per seconde, gewoonlijk simpelweg aangeduid met c – is een universele fysische constante. Het is een vaste realiteit in het natuurkundige universum. In zijn erudiete bespreking van de theologie en de wetenschap van het licht legt theoloog Stratford Caldecott uit hoe licht door de complexiteit van elektromagnetische velden zelf alles doortrekt en al het bestaande met elkaar verbindt. Hij citeert de natuurkundige Andrew Steane uit Oxford die schrijft dat 'als deze dans van energie en licht er niet was, ik door het wegdek zou vallen in de binnenkant van de planeet Aarde – of om preciezer en accurater te zijn, mijn lichaam zou vervliegen tot een vlaag stof, en de aarde ook.'[4]

De wereld is vol schoonheid en gruwel, maar de onveranderlijke werkelijkheid die onder alles schuilgaat is de liefde van God die alle dingen schept, onderhoudt en verlost. Het is de constante die ons samenbindt. Het is dichter bij ons dan onze adem zelf, en beweegt sneller naar ons toe dan 299.792.458 meter per seconde. Al onze twijfels, ons afdwalen, onze vrees en vreugde draaien rond het vaste punt van Gods liefde.

Als dit gebed uit de completen ons meeneemt door een lange, donkere nacht heen, dan is deze laatste zin – 'en dat alles omwille van uw liefde. Amen' – een straal van de zon die verrijst in het oosten. De onwankelbare werkelijkheid van liefde breekt door de schaduwen van kwetsbaarheid en dood heen, en we zien dat dit gebed alleen gebeden kan worden als er een God is die van ons houdt. We wenen omdat we kunnen klagen bij iemand die geeft om ons verdriet. We waken omdat we geloven dat Liefde ons niet zal verlaten. We werken omdat God de wereld herstelt in liefde. We kunnen slapen omdat God de kosmos regeert vanuit liefde. Iedere ziekte kan worden veranderd door liefde. Als we moe zijn, ontvangen we rust omdat we geliefd zijn. Liefde komt tot ons, zelfs in de dood, en draagt zegen. In ons lijden worden we getroost door Liefde. In onze beproeving woont God bij ons met zijn liefde. En iedere vreugde in het leven vloeit vrijelijk voort uit de diepe bron van Gods liefde. Alles wat we God hebben gevraagd – zijn zorgen, geven, zegenen, troosten, medelijden en bescherming – is er omwille van zijn liefde.

Dit nachtgebed is – net als alle gebeden – een zijrivier die uiteindelijk uitmondt in de bulderende oceaan van Gods drie-enige liefde. Als we dus gaan zitten, moe, aan het einde van een gewone dag, en de completen bidden, dan worden we het meest bepaald bij het feit dat we geliefd zijn.

> *Dit nachtgebed is – net als alle gebeden – een zijrivier die uiteindelijk uitmondt in de bulderende oceaan van Gods drie-enige liefde.*

Er is geen verkeerde manier om te bidden. Je kunt bij het bidden niets verkeerd doen, behalve dan dat je het helemaal niet meer doet. Maar gebed kan ons misvormen als we denken dat we bidden tot een God die ons nauwelijks kan verdragen, die kwaadwillig is en boos en ons achternazit, die met zijn ogen rolt als we tot Hem roepen, die we moeten overtuigen om naar ons te luisteren. We bidden niet om een geestelijk to-dolijstje af te vinken, om brave jongens en meisjes te zijn zodat God ons wellicht een bot toewerpt, om een euro in een trage machine te gooien, hopend dat die in beweging komt, of om een boze godheid zover te krijgen dat hij ons een beetje ontziet. We bidden niet om God te overtuigen om onze nood te zien. Hij vraagt ons om te bidden, om Hem te vertellen waar we het meest naar verlangen, omdat hij diepgaand en zielsveel van ons houdt.

We voegen ons in het oude ambacht van het geloof en de beoefening van gebed in reactie op het vaststaande feit dat we al geliefd zijn. Gods liefde en toewijding aan ons, niet die van ons aan hem, vormt de bron van het gebed. Hij is de eerste beweger in het gebed, degene die ons geroepen heeft voor we ooit tot hem konden roepen. En Hij zal niet stoppen met roepen, hoe donker de nacht ook wordt. Niet het donker, maar licht, is de constante.

Gebed zelf is dus een bereidheid om binnen te gaan in meerduidigheid en kwetsbaarheid, maar het zijn de meerduidigheid en kwetsbaarheid van onszelf geliefd weten en keer op keer leren hoe we die liefde ontvangen en erop vertrouwen dat die blijft.

Voor sommigen van ons is het moeilijk om te geloven dat we geliefd zijn, omdat we denken (of omdat ons verteld is) dat niemand van ons kan houden.

Anderen hebben zo vaak gehoord dat God van ons houdt dat het gesneden koek voor ze is. Oud nieuws. Mijn oma houdt ook van me. Fijn. Maar bepaald niet het oriëntatiepunt voor ons leven. Niet datgene wat ons overeind houdt op onze slechtste dag.

Een van de redenen dat we bidden is om ervoor te zorgen dat de liefde van God niet langer een leeg en achterhaald idee is, maar in plaats daarvan ons licht wordt – de verlichting waardoor we alles zien.

Door dit gebed uit de completen te gebruiken, met zijn litanie van menselijke kwetsbaarheid, herinner ik mijzelf eraan dat alle categorieën van het lijden op aarde echt en afschuwelijk zijn. Maar ik bedenk ook dat ze ons niet kunnen scheiden van de liefde van God. Heel het menselijk leven, ons lijden en onze blijdschap, onze gewone teleurstellingen en pleziertjes, ieder moment van ons leven, heeft betekenis, omdat het ons doel is onszelf te vinden in Christus, eeuwig geliefd door God.

Onze levens bevatten diepe teleurstellingen, pijn, twijfel en wanhoop, en toch, wat blijft en altijd zal blijven is de liefde van degene 'wiens schoonheid onveranderlijk is', zoals Gerard Manley Hopkins schreef.[5] Het anker van de hele theodicee en van ieder christelijk gebed en oefening, is Gods vriendelijke liefde.

Uiteindelijk kunnen we dit mysterie alleen verdragen door heel het gewicht van ons leven op de liefde van God te laten rusten. En dit mysterie is alleen het verdragen waard als God echt van ons houdt.

Toen mijn oudste dochter nog heel klein was, beet ze zich vast in bepaalde vragen. Ze vroeg bijvoorbeeld wekenlang precies hetzelfde, soms zelfs maandenlang, steeds opnieuw. Haar vader en ik probeerden haar zo geduldig mogelijk te antwoorden, voor de honderdduizendste keer.

Twee dingen vroeg ze steeds opnieuw. De eerste vraag is een familiegrap geworden, omdat ze, nu ze groot geworden is, het zich niet meer herinnert hoe vaak ze die vraag stelde. De tweede vraag is zo ontroerend dat ik er geen grappen over maak, omdat ik daarin helemaal met haar meevoel.

Allereerst vroeg ze toen ze ongeveer twee, drie jaar oud was: 'Wat is je voornaam?' Haar vader antwoordde dan: 'Jonathan.' 'Wat is je tweede naam?' 'Edward.' 'Hedward,' reageerde ze, alsof dit nieuwe, interessante informatie was die ze die ochtend niet al drie keer gehoord had. 'Nee, niet "Hedward", Edward,' zei hij tegen haar. Dan ging ze verder: 'Wat is je achternaam?' Ze vroeg het aan ons allemaal – aan mij, Jonathan, vreemden, ieder die bereid was haar zijn of haar volledige naam te geven. En ze vroeg het zo vaak mogelijk. Uiteindelijk hield ze, Goddank, op met het stellen van die vraag.

Jaren later borrelde er een andere vraag op: 'Mama, houd je van mij?' 'Papa, houd je van mij?' Ze was toen al wat ouder en wist dat ze de vraag vaak stelde. Ze gaf het ook toe, want ze zei altijd: 'Sorry, sorry dat ik het weer vraag.' Maar ze moest het antwoord steeds opnieuw horen. Ze vroeg het niet omdat wij haar niet hadden verteld dat we van haar hielden, maar omdat het zo makkelijk is om eraan te twijfelen, om je af te vragen of het wel waar is, om het te vergeten, om te betwijfelen of het antwoord wel te vertrouwen valt. We moeten het allemaal steeds opnieuw horen.

Ik kom tot God, altijd weer, met allerlei vragen. Maar die komen allemaal, op de een of andere wijze, neer op de twee vragen die mijn dochter me talloze keren stelde: Wat is uw naam? Houdt U van mij?

In de Bijbel is je naam altijd verbonden met je karakter – wie je bent en hoe je bent. Mijn voortdurende vraag aan God is: Hoe bent U? Bent U te vertrouwen? Bent U goed?

En ik vraag: Houdt U van mij? Vertel het me nog eens. Het is moeilijk voor mij om het me te herinneren en het te geloven. Bent U een God van liefde? En is die liefde er voor mij? Zelfs hier? Zelfs nu?

Niet lang nadat het jaar 2017 ten einde kwam, had ik 's nachts een duistere en levendige droom. Daarin had ik een beste vriendin. Ze was in bijna alle opzichten een liefdevol mens, en we waren onafscheidelijk. Maar halverwege de droom ontdekte ik dat ze een huurmoordenaar was. Ze was over het algemeen vriendelijk en edelmoedig, maar vermoordde regelmatig mensen als werk. In de droom duizelde het me, omdat ik niet wist hoe ik haar, die al zo lang mijn vriendin was, kon vertrouwen. Toen zag ik haar lijst met doelwitten, en ik was de volgende die aan de beurt was.

Ze was er eerlijk over tegen mij. Ze wilde me niet doden, maar dit was nu eenmaal haar baan. Ze moest een besluit nemen. Ik smeekte haar mijn leven te sparen, ander werk te zoeken. Toen werd ik wakker, en schoot rechtovereind in het donker.

In de stilte van de nacht wist ik dat de droom ging over hoe ik God zie. Ik hield van Hem. Ik noemde Hem al lange tijd mijn vriend, maar ik vertrouwde Hem niet. Hij kon zo vriendelijk zijn, maar Hij hield ook een zwarte lijst bij. En ik stond erop.

Dit beeld van God als een huurmoordenaar laat mijn eigen ongeloof zien, hoe heel weinig ik maar weet van God.

God is geen huurmoordenaar die, ondanks zijn voorkomen, verborgen kwaad in zich omdraagt. Als God eropuit is om ons te pakken te krijgen, dan niet om ons te vernietigen, maar om van ons te houden.

C.S. Lewis zegt dat het grootste gevaar waar de meesten van ons tegen aan lopen niet is dat we niet meer geloven in God, maar dat we 'verschrikkelijke dingen van Hem' gaan denken.[6] We vrezen dat we zullen ontdekken: 'Dus zo is God echt.' Hij is niet te vertrouwen.

De reden waarom God te vertrouwen is, is omdat God liefde is. En zijn liefde is niet zoals de onze. Onze liefde – van de besten tot de slechtsten onder ons – is meer zoals dag en nacht. Zij komt en gaat, rijst en daalt. Er zijn momenten waarop we zuiver en oprecht liefhebben, en dat is heerlijk. Maar die liefde vervaagt en hapert altijd. De zon gaat onder.

Gods liefde is een constante, niet zoals nacht en dag, maar zoals de snelheid van het licht. Zijn liefde is het middelpunt van alle dingen en bevat geen duisternis. Niet ziekte of vermoeidheid of dood of lijden of beproeving of vreugde vormen de vaste kern van ons leven en van de eeuwigheid, maar de liefde van God.

> *Gods liefde is een constante, niet zoals nacht en dag, maar zoals de snelheid van het licht.*

Er is een aforisme dat vaak in de geschriften van de middeleeuwse kerk naar voren komt: *per crucem ad lucem*, door het kruis naar het licht.

God houdt zielsveel van ons en wil ons vreugde en bloei geven, maar dat gaat niet buiten een kruis om. Gods liefde wordt weerkaatst door het kruis, waardoor het vaak zo moeilijk te zien of te herkennen is. Maar als we willen leren vertrouwen – het gewicht van ons leven laten rusten op de liefde van God – kunnen we dat alleen door het kruis.

We ontdekken en vertrouwen meer op Gods liefde door onze eigen kruisen, de dingen die ons het gevoel geven dat we niet verder kunnen, de dingen die ons moe maken – het verlies van je baan, de scheiding, de ziekte, de eenzaamheid, de lange worsteling met zonde, de vervreemding van een vriend, de teleurstelling, de dood van onze geliefden, ons eigen sterven.

Ik wou dat er een makkelijkere weg was, een weg om God te leren vertrouwen die geplaveid is met luxe en eindeloos gemak, maar *per crucem ad lucem*: de weg naar het licht gaat regelrecht door het duister heen – of nog preciezer verwoord, op deze diepdonkere plekken ontdekken we hoe het licht ons tegemoetsnelt.

Zeker, de werkelijkheid van Gods onveranderlijke liefde betekent niet dat we Gods liefde of nabijheid altijd *voelen*. In perioden van lijden voelt het vaak alsof God nergens te vinden is. Gods liefde dooft het verdriet niet uit. Nog niet, in ieder geval. Zijn liefde is onwankelbaar, maar onberekenbaar, teder maar ontembaar. Ze is niet gebonden aan onze meningen. Ze schudt ons door elkaar, maar bevrijdt ons tegelijk. Ze doodt ons en leert ons ook hoe we moeten leven. Ze is even verontrustend als vertroostend. Ze neemt ons zoals we zijn, maar staat er ook op dat ze ons vervolmaakt en verlevendigt – en dat proces is lang en pijnlijk. Gods razende en ontembare liefde geeft waarde en doel aan al onze kwetsbaarheid, maar het doet soms nog steeds verrekt veel pijn om de dag door te komen.

In plaats van ons te bevrijden uit onze kwetsbaarheid, brengt God ons er vaak dieper in. Geloven dat we diep geliefd zijn betekent dus dat we weten dat de teleurstelling en pijn waar we mee te maken krijgen er niet zijn omdat we door God verworpen zijn of door Hem genegeerd worden. 'Als we vragen: "Waarom laat God toe dat kwaad en lijden voortduren?",' schrijft Tim Keller, 'en we kijken naar het kruis van Jezus, weten we nog steeds het antwoord niet. Maar we weten wel wat het antwoord niet is. Hij laat het niet toe omdat Hij niet van ons houdt.'[7]

Uiteindelijk, *per crucem ad lucem*, gaat deze pelgrimstocht naar het licht, niet alleen door onze eigen kruisen heen, maar door het kruis van Jezus.

Jezus heeft gezegd: 'Er is geen grotere liefde dan je leven te geven voor je vrienden' (Johannes 15:13). En dat deed Hij. Anders dan de vriendin in mijn droom die lukraak levens nam, legde hij zijn eigen leven af voor ons. Het duister van de dood werd verbroken door zijn lichtgevende liefde.

Als we de liefde van Jezus zien, dan zien we de volheid van God. Dit is waar ik me langzaam naar uitstrek om te geloven: God kent geen schaduwkant; er is geen verborgen misleiding of duisternis achter de God die geopenbaard is in Jezus. De God tot wie we bidden is de God die van ons houdt – oneindig, onophoudelijk, geduldig en krachtig.

Het hoogtepunt van dit gebed en het hoogtepunt van heel de geschiedenis – inclusief ons eigen leven – is 'en dat alles omwille van uw liefde. Amen'. De liefde van God heeft het laatste woord.

De Schrift vertelt ons dat 'voor wie God liefhebben, voor wie volgens zijn voornemen geroepen zijn, alles bijdraagt aan het goede' (Romeinen 8:28). Als een vindingrijke boerenknecht kan God alles gebruiken. Het is ruw materiaal in zijn verlossingswerk.

Maar hoewel God alles gebruikt, *veroorzaakt* Hij het lijden niet als een middel met een hoger doel. God zelf is het hoogste doel en Hij oordeelt – en verslaat en vernietigt uiteindelijk – alles wat niet voortvloeit uit zijn goedheid.

> *Uiteindelijk wordt het duister niet verklaard; het wordt verslagen.*

Uiteindelijk wordt het duister niet verklaard; het wordt verslagen. De nacht wordt niet gerechtvaardigd of opgelost; hij wordt verdragen tot het licht hem overwint en hij er niet langer is.

Ondertussen blijven wij vragen stellen aan God. Hij staat ons toe om ze te stellen als we dat nodig hebben, omdat Hij van ons houdt. En we nemen onze verwarring mee in de gebeden en gebruiken van de kerk, zodat ze richting geven aan onze eigen vragen en die vormen.

Door haar gebeden, gebruiken en gezamenlijke aanbidding zegt de kerk keer op keer: 'Zo is God. Dit is zijn naam. Zo weet je dat hij van je houdt.'

Samen verdragen we een mysterie; we wonen in het reeds en het nog niet. Maar we *verdragen* niet alleen een mysterie; we *verkondigen* ook een mysterie. Op zondag, als ik het avondmaal vier, zeg ik tegen de gemeente: 'Laten we het mysterie van het geloof verkondigen.' En we spreken samen deze woorden uit:

Christus is gestorven.
Christus is verrezen.
Christus zal terugkomen.

Christus ging helemaal binnen in ons verdriet, onze ziekte, onze beproeving, onze vermoeidheid, ons lijden, onze dood. Toch leeft Hij en zal hij alles goedmaken.

In diezelfde avondmaalsliturgie bidden we: 'Onderwerp in de volheid van de tijd alle dingen aan Christus, en breng ons met al uw heiligen in de vreugde van uw hemelse koninkrijk, waar we oog in oog zullen staan met onze Heer.'

Ondertussen wenen, waken en werken we te midden van duisternis en kwetsbaarheid. We hebben de Schrift, de kerk, de geloofsoefeningen en de gave van het gebed ontvangen. En ik zal het pad blijven bewandelen dat me gegeven is, door het kruis naar het licht, en deze vragen blijven stellen: 'Hoe bent U? Houdt U van ons?,' tot we ze onder vier ogen met onze Heer kunnen bespreken.

In dat ogenblik zullen al onze echoënde twijfels en gelovige vragen vervagen tot stilte. We zullen dan ten volle kennen waar we in korte momenten van hebben geproefd, waar we in deze oude gebeden en oefeningen naar verlangden en waar we ons naar uitstrekten, hoe krachteloos ook. We hebben het licht gezien dat de duisternis niet in haar macht heeft gekregen. We hebben de onveranderlijke werkelijkheid van liefde ontmoet. En we zullen weten dat het alles was omwille van de Liefde.

Dankwoord

Mijn dank gaat uit naar Cindy Bunch, Ethan McCarthy en het hele team van IVP. Jullie zijn talentvol en werken hard, maar zijn ook heerlijke mensen.

Ik ben de Church of the Ascension in Pittsburgh eindeloos veel dank verschuldigd, vooral Jonathan en Andrea Millard en heel de staf en lekenleiders van Ascencion. (En Jim Wilson voor de chocolade.) Als kerk hebben jullie ons door deze jaren heen gedragen en dit boek zou zonder jullie niet mogelijk zijn.

Dank aan Hunter en Julie Dockery dat jullie deel uitmaken van mijn verhaal en me een God hebben laten zien die zo mooi was dat hij ook het vertrouwen waard leek. Dank ook aan Monica Lacy Bennett, Katy Hutson, Noel Jabour, Amy Bornman, Jen Hemphill en Steven en Bethany Hebbard voor jullie vriendschap en voor het delen van jullie ideeën en verhalen in dit boek. Dank aan Hannah en Andy Halfhill dat jullie bij toeval de helden van de proloog zijn geworden, en dat jullie mijn vrienden zijn, zelfs nadat ik jullie badlakens geruïneerd heb.

Dank ook aan Alex en Jane Banfield-Hicks voor het gebruik van jullie huis om te schrijven en me terug te trekken, waardoor dit boek kon ontstaan. En aan Ginger Stage voor het vragen stellen en luisteren.

Ik ben dankbaar aan die lezers, vrienden, Facebookvrienden, en Twittervolgers die me aanmoedigden en mijn werk deelden. Zij maken het mogelijk om dit te doen.

Er zijn te veel diepgeliefde vrienden om te bedanken en ik zal nooit in staat zijn om ze allemaal te noemen, en dus probeer ik dat ook maar niet. Maar ik wil mijn supergeheime schrijf-gebedsteam bedanken (hoewel ik jullie niet allemaal kan noemen, houd ik van ieder van jullie en jullie gebeden en waardeer ik jullie).

Ik had dit niet kunnen doen zonder de hulp en bemoediging van andere schrijvers. Ik wil vooral Andy Crouch bedanken dat hij mijn schrijfmentor wilde zijn (hoewel je je daar nooit voor aanmeldde). Aan Esau McCaulley, voor alle telefoontjes. Aan Karen Swallow Prior en het Pelican Projectteam. Aan Wes Hill voor je hulp bij het doordenken van dit idee in een vroeg stadium. En aan Andrea Palpant Dilley, die feedback gaf op delen van dit manuscript en me aanmoedigde tijdens het schrijven.

Diepe dank ben ik verschuldigd aan Marcia Bosscher, altijd mijn tweede lezer, voor haar hulp bij het redigeren en voor het bidden en mij opvrolijken. Dank je voor het aanhoren van mijn geklaag en je aanmoediging om te blijven schrijven.

Aan Marilyn en Charlie Chislaghi die als familie voor ons werden in de jaren waarin dit boek ontstond en werd geboren. Dank ook voor het bieden van een rustige plek om te schrijven.

Aan Woody Giles, mijn lieve vriend die me behulpzame feedback bood op dit manuscript (en al het andere in mijn leven).

Dank aan mijn familie in Georgia, vooral Sandra en Jerry Dover. En aan het Texasteam, vooral Laura en James Mayes en David en Laci Harrison (en hun gezinnen). Diepe dank aan mijn moeder Loraine die me altijd in haar bed liet kruipen als ik bang was voor het donker.

Ieder woord in dit boek is ten dele een nagedachtenis aan mijn vader en de zoons die we verloren. Ik kan niet wachten om weer bij jullie te zijn in de morgen.

Ten slotte, dank aan mijn meisjes, Raine en Flannery, die veel hebben gegeven zodat ik kon schrijven. Ik kan jullie niet genoeg bedanken. En aan Gus, die we verwelkomden in deze wereld precies op het moment waarop ik dit manuscript voltooide. Ieder van jullie kennen en op zien groeien is mijn favoriete onderdeel van het leven. Ik houd van jullie en geniet van jullie en ik draag dit boek aan jullie op, hopend dat het wellicht helpt om, als je groot geworden bent, niet te vergeten dat je altijd diepgeliefd bent.

Dankwoord

Mijn grootste dank aan mijn man, Jonathan. Door Gods genade wandelden we door deze duistere jaren en werden daardoorheen weer verliefd. Je bent niet alleen een ondersteunende partner, maar een wijs theoloog wiens energie, suggesties en ideeën me hebben gevormd en ook dit project. Dankjewel voor alles.

En glorie aan het Woord, uit wie alle goedheid in onze kleine woorden voortvloeit, en door wie ze zullen worden verlost. Zend uw licht en uw waarheid, dat die ons leiden.

Gespreksvragen en ideeën voor praktische oefeningen

Deze gespreksvragen en oefeningen kun je individueel of als groep behandelen. Als je ze zelfstandig gebruikt, kunnen ze dienen als geheugensteuntjes in je dagboek.

Voor groepen is de tekst verdeeld in vijf sessies voor een studie van zes weken. Het idee is om dit boek vijf weken lang te lezen en te bespreken en vervolgens af te sluiten met een maaltijd en het bidden van de completen samen in de laatste week (of een andere gebedsdienst als je elkaar gedurende de dag ontmoet). Ze kunnen aangepast worden voor langere of kortere studies. Je kunt ook open vragen toevoegen zoals: 'Welk deel van dit hoofdstuk raakt je het meest? Waarom?'

De oefeningen zijn niet bedoeld als een checklist, maar als een uitnodiging. Of je nu met een groep bent of alleen, lees de oefeningen bij elke sessie door en probeer er een tot drie per week te doen. Denk vervolgens na over je ervaring met een groep of met een vriend(in), of schrijf erover in je dagboek.

SESSIE 1
Gespreksvragen

PROLOOG

1. Kun je je een noodsituatie herinneren, een moment van bezorgdheid of kwetsbaarheid waarbij een Bijbelgedeelte, lied of gebed of gebruik bij je boven kwam? Als je daar iets over kunt vertellen, deel het dan met je groep of schrijf erover.

Hoe voelde het om die woorden binnen te gaan of dat gebruik op te pakken?
2. De schrijfster zegt: 'Ik ben tot de ontdekking gekomen dat geloof meer ambacht is dan gevoel. En gebed is onze belangrijkste oefening in dat ambacht.' Wat zijn de gevolgen van het feit dat geloof is als een ambacht? Verandert er hierdoor iets aan je omgang met aanbidding en gebed?

HOOFDSTUK 1

1. Hoe is de nacht voor jou? Is het een tijd van bezorgdheid, vrede, verdriet, afleiding, of iets anders? Hoe voel je je in het donker?
2. Is er een moment geweest in je leven dat je moeite had met bidden? Waarom?
3. Ben je opgegroeid met biddende mensen om je heen? Hoe dacht je tijdens je jeugd over het gebed? Bad je ook 'gebeden van andere mensen'?
4. Wat zijn de voor- of nadelen van het bidden van 'gebeden van andere mensen'?

HOOFDSTUK 2

1. De schrijfster zegt: 'In de meest kwetsbare en meest menselijke momenten van ons leven [is] de geloofsleer onvermijdelijk. Als alles wegvalt, valt ieder van ons, van atheïst tot monnik, terug op wat wij geloven over de wereld, over onszelf en over God.' Was er een moment van crisis of lijden waarin je terugviel op de geloofsleer of wat je geloofde? Beschrijf die ervaring, en vertel welk onderliggend verhaal of overtuiging je droeg.
2. Is er een specifieke plek in je leven waar jij God steeds voor het gerecht daagt? Waar je oordeel over zijn goedheid afhangt van een specifieke uitkomst?
3. De schrijfster benadrukt de geloofsleer, maar zegt vervolgens dat we het christelijke verhaal niet in ons hoofd kunnen houden als louter feit. Hoe gaan geloofsleer en praktijk samen als we lijden of geconfronteerd worden met kwetsbaarheid?

Oefeningen

1. Ga 's avonds op een rustige plek alleen zitten zonder schermen of werk. Zet grote lampen uit en gebruik alleen schemerlampen of kaarslicht. Denk na over de gedachten, gevoelens of vragen die op dit moment bovenkomen.
2. Doe het eens een avond helemaal zonder elektrisch licht. Schrijf je ervaringen op.
3. Probeer verschillende vormen van gebed: completen of een ander op schrift gesteld gebed, geïmproviseerd gebed, geschreven gebed. Neem een vorm van bidden die je normaal niet gebruikt. Je kunt een versie van de completen vinden achter in dit boek.
4. Schrijf eens over welke 'rotsformaties' in je leven heel belangrijk zijn voor jou. Welke gebruiken heb je ontvangen die ervoor zorgen dat je niet verdwaalt?
5. Lees het evangelie van Marcus in één keer helemaal door, of verdeeld over een week. Markeer overal waar Jezus kwetsbaarheid ervaart en binnengaat in onze menselijke ervaring.

SESSIE 2

Gespreksvragen

HOOFDSTUK 3

1. Hoe beleef je jouw verdriet of gewoon lijden in je eigen leven meestal? Zijn er specifieke praktijken die daarbij hebben geholpen?
2. Wat doe je als je zorg of verdriet ervaart? Zijn er patronen of gewoonten van afleiding of boosheid die de zorgen in je leven maskeren? Waar denk je dat je deze strategieën om verdriet te vermijden hebt geleerd?
3. De schrijfster citeert Lauren Winner die zegt: 'Kerken zijn vaak minder goed in treuren. We missen een ritueel voor het

lange en vermoeiende proces van verdriet en verlies.' Komt dat overeen met jouw ervaring in de kerk? Heb je de kerk ooit op een goede of mooie manier zien treuren?
4. Komt bij jou het verdriet in de nacht boven of wordt het heviger? Waarom wel of niet?

HOOFDSTUK 4

1. Hoe verandert eschatologische hoop, dat alles goed zal komen, de manier waarop we waken en wachten in het heden? Wat is het effect van de hoop op de opstanding op de specifieke worstelingen die je in je leven op dit moment doormaakt?
2. Denk eens terug aan een moment waarop je waakte in de nacht. Hoe was dat? Wat leerde deze ervaring je over wachten en waken als metafoor van heel het christelijk leven?
3. Hoe blijf je 'wakker' voor God? Wat voor ervaringen maken je je bewust van Gods aanwezigheid of werkzaamheid in je leven?

HOOFDSTUK 5

1. Werk je weleens 's nachts? Hoe is dat?
2. Hoe deelt jouw dagelijks werk in het werk van Gods herstel van de wereld in het groot en in het klein?
3. Waar zie je de dat uitgegaan wordt van 'concurrerende werking' in de kerk, de wereld of je eigen ervaring? Zie je manieren waarop we 'gedachten en gebeden' en daden tegen elkaar afzetten?

Oefeningen

1. Neem de tijd voor verdriet. Dat kan een uur of een dag zijn, maar geef jezelf de vrijheid om onprettige gevoelens en verdriet te voelen. Bid, schrijf, huil, zit in stilte, en gun jezelf de tijd voor verdriet.
2. Bid een week lang hardop de klaagpsalmen. Je kunt deze proberen: Psalm 22, Psalm 44, Psalm 88. Leer een van deze

psalmen uit je hoofd, of een deel ervan, en reciteer die verschillende keren per dag hardop.
3. Schrijf een klaagpsalm over je eigen leven of je werk. Lees eerst verschillende klaagpsalmen en gebruik die als een voorbeeld.
4. Schrijf of brainstorm met een vriend over de manieren waarop je God aan het werk ziet in je leven, in de kerk of in je gemeenschap. Maak een lijst.
5. Ga naar een kunstmuseum of een mooie plek in de natuur. Denk en schrijf over hoe deze schoonheid de schoonheid van God weerspiegelt. Hoe moet God wel niet zijn als schoonheid iets van zijn karakter weerspiegelt?
6. Doneer geld of doe vrijwilligerswerk bij een bediening of een non-profitorganisatie die op een of andere manier werkt aan herstel in de wereld.
7. Schrijf een gebed of een liturgie voor je eigen werk of roeping, zoals Noel deed in hoofdstuk 5. Gebruik dat een week lang en denk na over hoe dat was.

SESSIE 3

Gespreksvragen

HOOFDSTUK 6

1. Heb je ooit een ontmoeting gehad met iets wat onverklaarbaar was, of een geestelijk wezen – een engel, geest of demon? Hoe wordt er in jouw omgeving aangekeken tegen het bovennatuurlijke? Hoe was dat in de kring waarin je opgroeide?
2. De schrijfster zegt dat gebed vaak aan geloof voorafgaat. Was er een moment waarop gebed of een andere geestelijke praktijk voorafging aan het geloof van jou of dat van je kinderen?
3. Wat zijn jouw slaapgewoonten? Is het je ooit overkomen dat na een nacht slapen een probleem waarmee je worstelde opgelost was of je een bepaald inzicht had gekregen?

HOOFDSTUK 7

1. Denk eens terug aan een moment waarop je erg ziek was. Denk je daardoor anders over wat belangrijk of nodig is?
2. Hoe ervaar jij de kwetsbaarheid van je lichaam? Heeft dat je geestelijk leven of je geestelijke praktijk beïnvloed?
3. Fungeerde lichamelijke zwakheid ooit als *memento mori* voor jou? Herinnert het je aan je dood of je beperkingen?

HOOFDSTUK 8

1. Waar heb jij 'gemaakte kwetsbaarheid' gezien in je cultuur, in de kerk, of in je eigen leven? Waarin verschilt die van ware kwetsbaarheid?
2. Hoe heb je rust gevonden toen je vermoeid was? Welke oefeningen of ervaringen hebben vernieuwing gebracht?

HOOFDSTUK 9

1. Heb je weleens gebeden om genezing voor iemand die niettemin toch stierf of ziek bleef? Hoe heeft die ervaring je gebedsleven beïnvloed?
2. Heb je binnen de kerk ook een sentimentele omgang met de dood of verzet ertegen gezien? De schrijfster citeert David Bentley Hart, die zegt: 'Wij geloven in een God die is gekomen om zijn schepping te bevrijden uit de absurditeit van de zonde, de leegte en de zinloosheid van de dood, de krachten – of het nu gaat om berekende boosaardigheid of dwaze toevalligheid – die levende zielen verbrijzelen; en dus krijgen we toestemming om deze dingen te haten met een volmaakte haat.' Wat betekent het voor ons geestelijke leven dat we toestemming krijgen om de dood en het lijden te haten met de haat die God voelt voor deze vijanden?
3. Hoe heb je zegen ervaren in je eigen leven? Hoe verzoen je zegen met lijden en dood in je eigen ervaring?

Oefeningen

1. Werk aan je slaaphygiëne. Creëer een bedtijdroutine met een vaste bedtijd, 'troostende bezigheden', en vraag God om je te beschermen met zijn engelen. Doe dit een week (of langer).
2. Schrijf een brief aan je lichaam. Dank je lichaam voor de manieren waarop het je leven en vreugde gegeven heeft. Geef uiting aan frustratie over de manier waarop je het verval en de beperkingen van je lichaam hebt ervaren. Beschrijf wat je hebt geleerd van je lichamelijkheid.
3. Oefen het stil bidden. Doe je telefoon uit en ruim alle afleidingen uit de weg. Zit in Gods aanwezigheid. Als er gedachten bij je opkomen, erken ze dan en laat ze gaan. Blijf steeds terugkeren naar mentale en verbale stilte voor God. Als dit de eerste keer is dat je dit probeert, zet dan een wekker op vijf minuten. Het kan soms helpen om een kaars aan te steken en je ogen daarop te richten gedurende het stiltemoment.
4. Lees het verhaal van Lazarus in Johannes 11. Mediteer over hoe Jezus 'heftig bewogen' was toen hij voor het graf stond. Hoe denk je dat zijn gezicht eruitzag? Hoe was zijn lichaamshouding? Hoe ging hij om met de mensen om hem heen?
5. Ga aan de slag met de benedictijnse gewoonte om jezelf te herinneren aan je sterven. Hier zijn een paar manieren waarop je dat kunt doen: (A) Ga naar een Aswoensdagdienst. (B) Schrijf over wat je zou willen dat mensen zouden zeggen over je bij je begrafenis, en wat je zou moeten doen om nu die persoon te zijn. (C) Schrijf over hoe je lichamelijke beperkingen – ziekte, slaap, verdriet – je herinneren aan de dood en ervoor zorgen dat je de dood gedoseerd ervaart gedurende de tijd van je leven.

SESSIE 4
Gespreksvragen

HOOFDSTUK 10

1. De schrijfster vertelt hoe maanbloemen alleen 's nachts groeien. Zijn er specifieke delen van het geestelijk leven die 'alleen 's nachts groeien'? Wat groeide er in je eigen leven gedurende perioden van strijd of moeite?
2. De schrijfster beschrijft het verschil tussen de 'theologie van de glorie' en de 'theologie van het kruis'. Zijn er gebieden in je leven waar je impliciet een theologie van de glorie volgt? Hoe zit het met onze cultuur in het algemeen?
3. Op welke manieren heb je God ervaren als een trooster? Hoe lijkt die troost op of verschilt die van wat je van nature verwacht of denkt over troost?
4. Ben je het ermee eens dat we als cultuur verdriet haastig afraffelen? Doe je dat ook met je eigen lijden? Waar zie je tekenen hiervan in je eigen leven of in de cultuur om je heen?

HOOFDSTUK 11

1. De schrijfster zegt: 'We weten vaak niet hoe we moeten optrekken met mensen die een lange weg te gaan hebben met waarschijnlijk geen goede afloop.' Hoe heb je je eigen gemeente goed zien zorgen voor beproefde mensen of juist slecht? Hoe zou je eigen kerk of gemeenschap goed kunnen zorgen voor mensen met chronische en langdurige pijn en nood?
2. De schrijfster citeert haar vriend Steven die zegt dat hij wil dat mensen 'Jezus zoeken waar hij belooft zich te laten vinden' en ze voegt eraan toe dat dat vaak onder de armen, de behoeftigen, en de beproefden is. Hoe heb jij Jezus ontmoet in je eigen beproeving of onder beproefden? Kun je iets over die ervaring delen?
3. De schrijfster vertelt over hoe het evangelie zelf ons beproe-

ving brengt. Heb je dat zelf zo ervaren in je leven of bij iemand anders die je goed kent? Hoe vertrouw jij of degene van wie je houdt God of worstel je met vertrouwen te midden van de beproeving?
4. De schrijfster zegt: 'Vaak zijn de meest fundamentele en vormende geestelijke praktijken in ons leven de dingen waar we nooit voor zouden hebben gekozen.' Heb je geestelijke vorming ervaren in die delen van je leven die je zelf niet hebt gekozen? Hoe hebben deze ongekozen dingen jou, je gemeenschap of je visie op God gevormd?

Oefeningen

1. Kies een of andere oefening rond onthouding. Je kunt bijvoorbeeld een of andere vorm van ontspanning of genot opgeven. Je kunt proberen te vasten, deels te vasten (slechts een ding niet eten, zoals vlees), extra vroeg op te staan, of iets anders. Probeer dit een dag lang, een paar dagen, of een week. Schrijf erover of deel met je groep wat je opvalt gedurende deze periode. Ben je meer gericht op geestelijke dingen? Ben je mopperiger, humeuriger, vermoeider of hongeriger, verdrietiger of bezorgder?
2. Breng een week of een maand lang in kaart welke dingen je gewoonlijk doet om jezelf op te vrolijken of de pijn te verzachten. Schrijf deze dingen op en vraag jezelf af wat deze dingen of ervaringen je geven aan vreugde of winst. Overweeg om met betrekking tot één aspect een periode te vasten (al is het maar een dag) en er vervolgens weer mee verder te gaan. Hoe veranderde de tijd zonder je gewoontegemak de manier waarop je erover denkt of ermee omgaat?
3. Breng tijd door met iemand anders, of doe vrijwilligerswerk om deel uit te maken van een gemeenschap die te maken krijgt met voortdurend lijden of beproeving. Hoe ontmoet je Jezus in deze persoon of deze mensen?

4. Bid gedurende een langere periode – een maand, een kwartaal of een jaar – voor een specifieke gemeenschap die beproeving ervaart. Bid dat God medelijden met hen heeft, en vraag God hoe hij wil dat jij deze beproefden helpt.

SESSIE 5
Gespreksvragen

HOOFDSTUK 12

1. Heeft vreugde ooit 'risicovol' gevoeld voor jou? De schrijfster zegt dat ze, vanuit zelfbescherming, vaak zichzelf verbiedt om blij te zijn. Herken je dat? Waarom wel of niet? Hoe kies je voor vreugde ondanks of zelfs vanwege het risico dat daaraan verbonden is?
2. De schrijfster zegt dat christenen een sacramentele visie op de werkelijkheid hebben, wat volgens haar betekent dat 'al het aardse de heilige aanwezigheid van God in zich draagt'. Hoe verandert deze visie de manier waarop we de schepping en momenten van schoonheid of genot ervaren?
3. De schrijfster zegt dat blijdschap niet in de eerste plaats een gevoel is, maar veeleer een spier die we moeten trainen. Wat kun je deze week doen om blijdschap 'aan te nemen' of 'op te nemen' als een toewijding en een oefening?
4. De schrijfster noemt het album van Modest Mouse, *Good news for people who love bad news*. Sommige mensen zijn melancholieker of pessimistischer, anderen zijn van nature meer optimistisch. Maar pessimisme en optimisme kunnen beide ver afstaan van de werkelijkheid, terwijl blijdschap betekent dat je verbonden bent met de hoop dat de liefde van God het fundament vormt van het bestaan. Waar neig jij als persoon van nature meer naar? Hoe kun je groeien naar de realiteit van de christelijke hoop?

HOOFDSTUK 13

1. De schrijfster zegt dat het christelijk geloof waar is, maar meer als een gedicht dan een artikel uit een encyclopedie, in die zin dat onze ervaring van het geloof ambiguïteit en complexiteit met zich meebrengt. Lees je de Schrift zo en zie je je leven in Christus ook zo? Hoe verandert deze visie op de waarheid van het christendom de dingen voor jou?
2. De schrijfster zegt dat de liefde van God is als de snelheid van het licht. Het is de enige constante die al het andere herschikt, en dus is alleen dat de moeite waard om je leven aan te geven. Wat betekent het om je leven te bouwen op de liefde van God? Ken je iemand die dat heeft gedaan? Wat is er zo anders aan zijn of haar leven?
3. De schrijfster merkt op hoe de liefde van God onecht kan lijken, ofwel ons is verteld dat we geen liefde waard zijn of omdat die irrelevant lijkt voor ons dagelijks leven. Ze bespreekt hoe gebed ons helpt om 'het volledige gewicht' van ons leven op Gods liefde te laten rusten. Wat kun je deze week (of deze maand, dit jaar?) doen om meer te vertrouwen op de liefde van God?
4. De schrijfster zegt dat al onze vragen over God die opkomen uit een wereld van lijden en kwetsbaarheid neerkomen op twee vragen: *Hoe bent U? En kan ik U vertrouwen?* Hoe helpen de vleeswording, dood en opstanding van Jezus ons om deze vragen over God te beantwoorden? Wat helpt jou om deze waarheden voorop te stellen in je hoofd en hart als je lijdt, of gewoon op een normale dag?
5. Door het boek heen heeft de schrijfster gesproken over hoe gebruiken de werkelijkheid van menselijke kwetsbaarheid en de betrouwbaarheid van God in een dynamische spanning bijeenhouden. Benoem de christelijke gebruiken waaraan je kunt meedoen en bespreek hoe ze deze twee werkelijkheden in je eigen leven aan elkaar verbinden.

Oefeningen

1. De schrijfster beschrijft hoe haar dochter 'bad met haar potlood en krijtje'. Neem een rustig moment om te bidden en teken of schilder iets waar je op hoopt of waar je naar verlangt. Geef die tekening aan God als een manier om je uit te strekken naar hoop en laat het vervolgens zo veel mogelijk aan God over en bid een gebed van overgave: 'Laat er met mij gebeuren wat u hebt gezegd.'
2. Maak een 'dankbaarheidswandeling'. Wandel of klim en neem bewust de tijd om schoonheid, gaven en goedheid in je leven op te merken en dank God ervoor.
3. Oefen je heel concreet in het vieren. Kies een liturgische feestdag of mijlpaal in je eigen leven of dat van een ander (of vier gewoon dat je thuiskomt uit je werk op een doorsneewoensdag!). Maak een lekkere maaltijd klaar, luister naar je favoriete muziek en verzamel vrienden of familie (dit kan één persoon zijn of een groep). Schrijf een liturgie om te vieren, waarin je een psalm bidt (een paar suggesties: Psalm 112, 136, 145) en dank God voor zijn geschenken.
4. De schrijfster zegt dat we meer in de liefde van God gaan geloven door het volle gewicht van ons leven en onze besluiten op Gods liefde te laten rusten. Bedenk iets wat je zou doen als je volledig, diep en volkomen geloofde dat God van je hield. Zet deze week een kleine stap van vertrouwen richting datgene.
5. Lees Romeinen 8 meerdere keren door en mediteer over een woord of frase uit het hoofdstuk. Vraag God wat hij zou willen dat je doet in reactie op dat woord of die frase. (Als je bekend bent met *lectio divina*, beoefen dan *lectio divina* met Romeinen 8.) Schrijf over dat moment van meditatie.
6. Ga naar de kerk en neem deel aan het avondmaal als je gedoopt bent. Of ga naar een doopdienst (of laat jezelf dopen als je nog niet gedoopt bent). Let er vooral op hoe er in deze sacramenten wordt gesproken over en omgegaan met dood en liefde, donker en licht.

Uitleg bij Liturgie voor de completen

Binnen de anglicaanse traditie en andere kerkelijke stromingen wordt er gebruikgemaakt van verschillende liturgieën voor de completen. Een aantal daarvan is te vinden op de website van Tish Warren: www.tishharrisonwarren.com. Omdat een gebed uit de completen de rode draad vormt in dit boek en het uitnodigt tot het gebruiken van vaste liturgieën in het geestelijk leven, zowel persoonlijk als gezamenlijk, is hier een liturgie toegevoegd. De vertaalde liturgie is er een uit de Episcopale kerk uit 1979[1]. Door deze liturgie leerden Tish en haar man de completen bidden en daarom zijn ze juist daaraan zo gehecht. Ze memoriseerden de teksten die hen door een zware periode in hun gezinsleven heen droegen.

Bij een liturgie voor een gebedsdienst wordt meestal onderscheid gemaakt tussen teksten die uitgesproken worden door een priester of predikant en door de gemeente. Om de liturgie wat breder bruikbaar te maken heb ik dit onderscheid weggelaten. Wel staat vetgedrukt wat bij gebruik binnen een groep door de groep als geheel gezamenlijk kan worden uitgesproken.

Monica van Bezooijen

Liturgie voor de completen

De almachtige Heer schenke ons een vredige nacht en een volmaakt einde. *Amen*

Onze hulp is in de Naam van de Heer;
die hemel en aarde gemaakt heeft.

Laten we onze zonden belijden aan God.

Moment van stilte

**Almachtige God, onze hemelse Vader;
Wij hebben gezondigd tegen u,
Door ons eigen falen,
In gedachten, en woorden, en daden,
En in wat we hebben nagelaten.
Vergeef ons,
omwille van uw Zoon onze Heer Jezus Christus,
al onze overtredingen;
en geef dat we u mogen dienen
in nieuwheid van leven,
tot eer van uw Naam. Amen.**

Moge de almachtige God ons vergeving schenken van al onze zonden,
En de genade en troost van de Heilige Geest. **Amen.**

O God, haast u ons te redden.
O Heer, haast u ons te helpen.

Glorie aan de Vader en de Zoon en de Heilige Geest;
Zoals het was in het begin, en nu, en in de eeuwen der eeuwen.
Amen.

Behalve in de vastentijd, voeg toe Halleluja.
Een van de volgende Psalmen wordt gezongen of gelezen of vervangen door een ander passend gedeelte.

Psalm 4 *Cum invocarem*
Antwoord mij als ik roep,
God die mij recht doet.

Geef mij ruimte als ik belaagd word,
wees genadig, hoor mijn gebed.

Machtigen, hoe lang nog maakt u mij te schande,
is de schijn u lief, de leugen uw leidraad? sela

De HEER schenkt zijn gunst aan wie hem trouw is,
de HEER luistert als ik tot hem roep.

Beef voor hem en zondig niet,
bezin u in de nacht en zwijg. Sela

Breng de juiste offers,
heb vertrouwen in de HEER.

Velen zeggen: 'Wie maakt ons gelukkig?' –
HEER, laat het licht van uw gelaat over ons schijnen.

In u vindt mijn hart meer vreugde
dan zij in hun koren en wijn.

In vrede leg ik mij neer
en meteen slaap ik in,

want u, HEER, laat mij wonen
in een vertrouwd en veilig huis.

Psalm 31 *In te, Domine, speravi*

Bij u, HEER, schuil ik,
maak mij nooit te schande.
Bevrijd mij en doe mij recht,

hoor mij,
haast u mij te helpen,
wees voor mij een rots, een toevlucht,
een vesting die mij redding biedt.

U bent mijn rots, mijn vesting,
u zult mijn gids zijn, mij leiden, tot eer van uw naam,

mij losmaken uit het net dat voor mij is gespannen,
u bent mijn toevlucht.

In uw hand leg ik mijn leven,
HEER, trouwe God, u verlost mij.

Psalm 91 *Qui habitat*

Wie in de beschutting van de Allerhoogste woont
en overnacht in de schaduw van de Ontzagwekkende,

zegt tegen de HEER: 'Mijn toevlucht, mijn vesting,
mijn God, op u vertrouw ik.'

Hij bevrijdt je uit het net van de vogelvanger
en redt je van de dodelijke pest,

hij zal je beschermen met zijn vleugels,
onder zijn wieken vind je een toevlucht,
zijn trouw is een veilig schild.

De verschrikking van de nacht hoef je niet te vrezen,
ook de pijl niet die overdag op je afvliegt,
noch de pest die rondwaart in het donker,
noch de plaag die toeslaat midden op de dag.

Al vallen er duizend aan je linkerzijde
en tienduizend aan je rechterhand,
jou zal niets overkomen.

Open je ogen en zie
hoe wie kwaad doen worden gestraft.

U bent mijn toevlucht, HEER.
Als je mag wonen bij de Allerhoogste,

zal het kwaad je niet bereiken,
geen plaag je tent ooit treffen.

Hij vertrouwt je toe aan zijn engelen,
die over je waken waar je ook gaat.

Hun handen zullen je dragen,
je voet zul je niet stoten aan een steen.

Leeuw en adder zul je vertrappen,
roofdier en slang vermorzelen.

'Ik zal bevrijden wie mij liefheeft
en beschermen wie met mijn naam vertrouwd is.

Roep je mij aan, ik geef antwoord,

in de nood zal ik bij je zijn,
je bevrijden en met roem overladen,

je overvloed geven van dagen.
Ik zal je redding zijn.'

Psalm 134 *Ecce nunc*

Zegen de HEER, u allen
die de dienst van de HEER verricht
en in het huis van de HEER staat, nacht aan nacht.

Hef uw handen op naar het heiligdom
en zegen de HEER.
Moge uit Sion de HEER u zegenen,
die hemel en aarde gemaakt heeft.

Na het einde van de Psalm wordt gezongen of uitgesproken:

Glorie aan de Vader en de Zoon en de Heilige Geest;
Zoals het was in het begin, en nu, en in de eeuwen der eeuwen.
Amen.

Een van de volgende of enkele andere passende gedeelten uit de Schrift worden gelezen

U bent toch in ons midden, HEER, wij behoren u toch toe? Laat ons niet in de steek. Wij vestigen onze hoop op u, want u hebt alles gemaakt.'
Jeremia 14:9, 22

Kom naar mij, jullie die vermoeid zijn en onder lasten gebukt gaan, dan zal ik jullie rust geven. Neem mijn juk op je en leer van mij, want ik ben zachtmoedig en nederig van hart. Dan zullen

jullie werkelijk rust vinden, want mijn juk is zacht en mijn last is licht.
Matteüs 11:28-30

Moge de God van de vrede, die onze Heer Jezus, de machtige herder van de schapen, door het bloed van het eeuwig verbond uit de wereld van de doden heeft weggeleid, u toerusten met al het goede, zodat u zijn wil kunt doen. Moge hij in ons datgene tot stand brengen wat hem welgevallig is, door Jezus Christus, aan wie de eer toekomt, tot in alle eeuwigheid. Amen.
Hebreeën 13:20-21

Wees waakzaam, wees op uw hoede, want uw vijand, de duivel, zwerft rond als een brullende leeuw, op zoek naar een prooi. Stel u tegen hem teweer, gesterkt door uw geloof.
1 Petrus 5:8-9a

Nu kan een passend lied voor de avond gezongen worden. Bijvoorbeeld dit lied:

U, voor het licht ten eind zal gaan,
U roepen wij, o Schepper, aan,
dat Gij in uw barmhartigheid
voor ons een gids en wachter zijt.

Geef dat als ons de slaap omhult,
de droom van U ons hart vervult,
opdat het, als de dag verrijst,
in dankbaarheid uw glorie prijst.

Maak ons bestaan gezond en goed
en geef ons innerlijke gloed
houd met uw helder licht de wacht
in 't grauwe duister van de nacht.

Getrouwe Vader zie ons aan,
wees, Zoon van God, met ons begaan,
vertroost ons, Geest, in deze tijd,
Gij die regeert in eeuwigheid. Amen

Dan volgt
In uw handen, o Heer, beveel ik mijn geest;
Want u hebt mij gered, o Heer, o God van waarheid.
Behoed ons, o Heer, als de appel van uw oog;
Verberg ons onder de schaduw van uw vleugels.
Heer, ontferm u over ons.
Christus, ontferm u over ons.
Heer, ontferm u.

Onze Vader die in de hemel zijt
Uw naam worde geheiligd
Uw koninkrijk kome
Uw wil geschiede
gelijk in de hemel als ook op de aarde

Geef ons heden ons dagelijks brood
en vergeef ons onze schulden
gelijk ook wij vergeven onze schuldenaren

Leid ons niet in verzoeking
maar verlos ons van de boze
Want van U is het koninkrijk en de kracht
en de heerlijkheid, tot in eeuwigheid
Amen
Heer, hoor ons bidden;
En laat onze roepstem tot u komen.
Laat ons bidden.

Een van de volgende gebeden wordt nu uitgesproken
Wees ons licht in het donker, o Heer, en bescherm ons in uw

grote genade tegen de gevaren en beproevingen van deze nacht; omwille van de liefde van uw enige Zoon, onze Zaligmaker Jezus Christus. **Amen.**

Wees aanwezig, o genadige God, en bescherm ons in de uren van deze nacht, zodat wij die moe zijn van de veranderingen en lotgevallen van dit leven mogen rusten in uw eeuwige onveranderlijkheid; door Jezus Christus onze Heer. **Amen.**

Zie op ons neer, o Heer, van uw hemelse troon, en verlicht deze nacht met uw hemelse helderheid opdat uw volk nacht en dag uw heilige naam grootmaakt; door Jezus Christus onze Heer. **Amen.**

Bezoek deze plaats, o Heer, en verdrijf alle verzoekingen van de vijand; laat uw heilige engelen bij ons blijven om ons te bewaren in vrede; en laat uw zegen altijd over ons zijn; door Jezus Christus onze Heer. **Amen.**

Een gebed voor zaterdag
Wij zeggen u dank, o God, voor de openbaring van uw Zoon Jezus Christus door het licht van zijn opstanding: Geef dat, nu we aan het einde van deze dag uw heerlijkheid grootmaken, onze vreugde in de morgen overvloedig moge zijn als we het paasgeheimenis vieren; door Jezus Christus onze Heer. **Amen.**

Een van de volgende gebeden kan worden toegevoegd
Waak, lieve Heer, bij wie werken, waken of wenen vannacht, en laat uw engelen hen behoeden die slapen. Zorg voor de zieken, Heer Christus; geef rust aan vermoeiden, zegen de stervenden, troost wie lijden, heb medelijden met wie beproefd worden, bescherm wie blij zijn, en dat alles omwille van uw liefde. **Amen.**

Of deze
O God, uw onophoudelijke zorg onderhoudt de wereld waarin we leven en het leven dat we leven: waak over diegenen die, zowel nacht als dag, werken terwijl anderen slapen, en geef dat

Liturgie voor de completen

we nooit zullen vergeten dat we in ons gewone leven afhankelijk zijn van elkaars inspanningen; door Jezus Christus onze Heer. **Amen.**

Moment van stilte en vrij gebed en dankzegging.
De dienst sluit af met de Lofzang van Simeon, waarna de antifoon gezongen wordt of hardop uitgesproken door alle aanwezigen

Begeleid ons als we waken, o Heer, en bescherm ons als we slapen; opdat we wakker mogen waken met Christus en slapend mogen rusten in vrede.

Voeg in de paastijd toe Halleluja, halleluja, halleluja
Nu laat u, Heer, uw dienaar in vrede heengaan,
zoals u hebt beloofd.
Want met eigen ogen heb ik de redding gezien
die u bewerkt hebt ten overstaan van alle volken:
een licht dat geopenbaard wordt aan de heidenen
en dat tot eer strekt van Israël, uw volk.

Glorie aan de Vader, en aan de Zoon en aan de Heilige Geest: Zoals het was in het begin en nu en altijd. En in de eeuwen der eeuwen. Amen.

Allen herhalen het antifoon.

Laten wij de Heer zegenen
Wij danken u.

De almachtige en genadige Heer, Vader, Zoon en Heilige Geest, zegene ons en behoede ons. **Amen**

Noten

Proloog

1. Ik volg het patroon van de Schrift in het gebruik van mannelijke voornaamwoorden om te verwijzen naar God. Ik ben me ervan bewust dat sommige lezers zich onprettig zullen voelen bij de mannelijke woorden voor God. Ik weet dat God niet mannelijk is en dat zowel man als vrouw evenzeer naar het beeld van God geschapen is. Gegeven de beperkingen van de taal zijn echter de enige opties die we hebben een mannelijk of vrouwelijk voornaamwoord (hij of zij) of het volledig vermijden van voornaamwoorden. Het vermijden van voornaamwoorden kan zorgen voor een klinische, onpersoonlijke sfeer bij de zinnen die over God gaan. Daarom volg ik de traditie en de Schrift door mannelijke voornaamwoorden te gebruiken. Ik hoop dat mijn lezers hier begrip voor hebben.
2. Richard Dawkins, *God als misvatting* (Amsterdam: Nieuw Amsterdam, 2006).
3. Madeleine L'Engle, *Walking on Water: Reflections on Faith and Art* (New York: North Point Press, 2001), 24.
4. Tish Harrison Warren, 'By the Book', *Comment*, 1 december 2016, www.cardus.ca/comment/article/by-the-book/.

Hoofdstuk 1

1. De werken van de linkerhand worden ook wel de 'vreemde werken' van God genoemd. Zie de uitleg in Veli-Matti Kärkkäinen, "'Evil, Love and the Left Hand of God": The Contribution of Luther's Theology of the

Cross to an Evangelical Theology of Evil', *Evangelical Quarterly* 74, no. 3 (2002): 222-23.
2. Zie bijv.: Edwin Eland, *The Layman's Guide to the Book of Common Prayer* (Londen: Longmans, Green & Co., 1896), 17.
3. A. Roger Ekirch, *At Day's Close: Night in Times Past* (New York: W.W. Norton, 2005), 8.
4. Edmund Burke, *A Philosophical Inquiry into the Origin of Our Ideas of the Sublime and the Beautiful*, in *The Works of Edmund Burke*, vol. 1 (Londen, 1846), iv.xiv, 155-56.
5. William Shakespeare, *The Rape of Lucrece* (New York: Thomas Y. Crowell Co., 1912), 34.
6. Johannes van het Kruis, *De donkere nacht van de ziel* (Den Haag: Mirananda, 1996).
7. Geciteerd in Robert Taft, *Liturgy of the Hours East and West* (Collegeville, MN: The Liturgical Press, 1993), 18.
8. Geciteerd in *Liturgy of the Hours*, 86. De versie van de Bijbel die Basilius citeerde ordent de Psalmen anders dan onze moderne versies en dus is Psalm 90 hier onze Psalm 91.
9. Zowel mannen als vrouwen zijn 's nachts bang, maar vrouwen ervaren hun kwetsbaarheid heviger in de nacht. Zie bijv., Emily Badger, 'This Is How Women Feel About Walking Alone at Night in Their Own Neighborhoods', *Washington Post*, 28 mei 2014, www.washingtonpost.com/news/wonk/wp/2014/05/28/this-is-how-women-feel-about-walking-alone-at-night-in-their-own-neighborhoods; Katy Guest, 'Imagine if Men Were Afraid to Walk Home Alone at Night', *The Guardian*, 8 oktober 2018, www.theguardian.com/commentisfree/2018/oct/08/women-men-curfew-danger-fear; Elise Godfryd, '"A Girl Walks Home at Night" and Our Culture of Fear', Michigan Daily, 10 oktober 2019, www.michigandaily.com/section/arts/%E2%80%9C-girl-walks-home-alone-night%E2%80%9D-and-our-culture-fear.
10. Anne Brontë, *The Poems of Anne Brontë*, red. Edward Chitham (New York: MacMillan, 1979), 110.
11. National Public Radio, 'It's Four O'Clock (In the Morning) Somewhere', *All Things Considered*, 19 oktober 2013. https://www.npr.org/templates/story/story.php?storyId=237813527.

12. Brené Brown, een kenner op het gebied van kwetsbaarheid, definieert kwetsbaarheid als 'onzekerheid, risico en emotionele blootstelling'. Zie bijv., Brené Brown, *Rising Strong: How the Ability to Reset Transforms the Way We Live, Love, Parent, and Lead* (New York: Random House, 2015), 274. De term heeft veel betekenissen en de manier waarop ik het woord gebruik, kent overlap met Browns kader. Ik gebruik de term echter op een iets andere wijze dan zij, om ons vermogen of onze ontvankelijkheid voor verwonding en zelfs vernietiging in lichaam, geest en ziel te benadrukken. In die zin is kwetsbaarheid meer een eigenschap van het menselijk bestaan dan een verkozen toestand.
13. Ik besef dat de nacht, afhankelijk van waar je woont, niet altijd iedere vierentwintig uur valt. Als je in de zomer vlak bij de noordpool woont, zie je misschien maandenlang geen echte duisternis, maar heb je lange donkere perioden in de winter. Dit is ook een lichamelijke ervaring van kwetsbaarheid.
14. Kenneth Peterson, *Prayer as Night Falls* (Brewster, MA: Paraclete Press, 2013), hoofdstuk 1 en 2.
15. Vicki Black, *Welcome to the Book of Common Prayer* (New York: Church Publishing, 2005), 63-64.
16. Al Mohler, 'Nearing the End – A Conversation with Theologian Stanley Hauerwas', Thinking in Public, 28 april 2014, https://albertmohler.com/2014/04/28/nearing-the-end-a-conversation-with-theologian-stanley-hauerwas.
17. Simon Chan, Liturgical Theology (Downers Grove, IL: IVP Academic, 2006), 48-52. Aidan Kavanaugh merkt op dat de uitspraak van de kerkvaders eigenlijk *lex orandi statuat lex supplicandi* is, en dat 'het werkwoord *statuat* niet toestaat dat deze twee fundamentele wetten van geloof en aanbidding in het christelijk leven van elkaar afdrijven of tegenover elkaar komen te staan, zoals in de gemeenplaats *lex orandi, lex credendi*. Het werkwoord *statuat* benadrukt het niveau van geloof en het niveau van aanbidding binnen de gemeenschap der gelovigen.' Aidan Kavanaugh, *On Liturgical Theology* (Collegeville, MN: Pueblo Publishing, 1984), 46.
18. Marion Hatchett, *Commentary on the American Prayer Book* (New York: Harper Collins, 1995), 147.

19. Er is een heel genre christelijke literatuur over omgaan met groot verlies. Vaak worden deze boeken geschreven nadat de schrijver een levensveranderende tragedie heeft doorgemaakt zoals het verlies van een kind of echtgenoot. Dit boek gaat over de meer gewone vormen van lijden. Als je meer zou willen lezen over Gods aanwezigheid te midden van catastrofaal verlies, dan raad ik de volgende titels aan: Cameron Cole, *Therefore I Have Hope: 12 Truths that Comfort, Sustain, and Redeem in Tragedy* (Wheaton, IL: Crossway, 2018); Jerry Sittser, *Verborgen genade: Hoe de ziel kan groeien door verlies* (Hoenderloo: Novapres, 2005); Nicholas Wolterstorff, *Klaagzang voor een zoon* (Baarn: Ten Have, 1990).

Hoofdstuk 2
1. Over the Rhine, 'Who Will Guard the Door?' *Drunkard's Prayer* (Back Porch Records, 2005).
2. Ik dank dit onderscheid aan de krachtige, pastorale uitleg over de theodicee door Tom Long, Tom Long, *What Shall We Say? Evil, Suffering, and the Crisis of Faith* (Grand Rapids, MI: Eerdmans, 2013).
3. Barna Group, 'Atheism Doubles Among Generation Z', Barna.com, 24 januari 2018, www.barna.com/research/atheism-doubles-among-generation-z.
4. De theoloog Jürgen Moltmann bedacht de term 'protest-atheïsme' om deze vorm van ongeloof te beschrijven. Jürgen Moltmann, *The Crucified God* (Minneapolis, MN: Fortress Press, 1993), 221-27.
5. Samuel Beckett, *Endgame* (New York: Grove Press, 1958), 55.
6. Francis Spufford, *Dit is geen verdediging* (Utrecht: Ten Have, 2014).
7. Spufford, *Dit is geen verdediging*.
8. Alan Jacobs, *Shaming the Devil* (Grand Rapids, MI: Eerdmans, 2004), 77-81.
9. Alasdair MacIntyre, *After Virtue*, derde editie (South Bend, IN: University of Notre Dame Press, 2013), 14-15.
10. Zie Kenneth Surin, *Theology and the Problem of Evil* (Eugene, OR: Wipf &Stock, 2004), 162-63.
11. Flannery O'Connor, *Mystery and Manners* (New York: Farrar, Straus, & Giroux, 1969), 209.

12. Kardinaal Avery Dulles, *Models of the Church* (New York: Crown Publishing, 2002), 10.
13. Cornelius Plantinga Jr., *Not the Way It's Supposed to Be* (Grand Rapids, MI: Eerdmans, 1996), 29-30; N.T. Wright, *Paul and the Faithfulness of God* (Minneapolis, MN: Fortress Press, 2013), 761: 'De opstanding zelf liet zien dat de ware vijand niet "de heidenen" waren, en zelfs niet het afschuwelijke schrikbeeld van het heidense rijk. De ware vijand was de Dood zelf, de ultieme anti-scheppingskracht, met Zonde – de verpersoonlijkte macht van het kwaad, die blijkbaar op zekere momenten dienstdoet voor 'Satan' zelf – als zijn trawant.'
14. Zie de discussie in Charles Matthewes, *Evil and the Augustinian Tradition* (Cambridge: Cambridge University Press, 2001), 60-75.
15. N.T. Wright spreekt over de opstanding als de redding door God die 'de omdraaiing of ondergang of nederlaag van de dood is'. Wright, *The Resurrection of the Son of God* (Minneapolis, MN: Fortress Press, 2003), 201.
16. C.S. Lewis, *Het ware gelaat* (Franeker: Van Wijnen, 1987), 213.
17. Spufford, *Dit is geen verdediging*.
18. *Catechism of the Catholic Church*, no. 309, www.vatican.va/archive/ccc_css/archive/catechism/p1s2c1p4.htm.
19. Merritt Tierce, 'At Sea', *The Paris Review*, 18 november 2016, www.theparisreview.org/blog/2016/11/18/at-sea.
20. Tierce, 'At Sea'.
21. Spufford, *Dit is geen verdediging*.

Hoofdstuk 3

1. Walker Percy schrijft: 'De grandeur van het Zuiden heeft, net als de grandeur van de Engelse landadel, altijd een meer Griekse dan christelijke smaak gehad. De hoffelijkheid en goedgunstigheid waren de hoffelijkheid en goedgunstigheid van de Oude Stoa.' Walker Percy, 'Stoicism in the South', in *Signposts in a Strange Land* (New York: Picador, 2000), 84.
2. Geciteerd in Sidney Mead, *The Lively Experiment: The Shaping of Christianity in America* (New York: Harper & Row, 1963), 4.
3. Peter Leithart beschrijft Amerikanen als 'ongebreideld optimistisch'. Peter Leithart, *Between Babel and Beast* (Eugene, OR: Cascade, 2009), 57. Damon Linker beargumenteert dat ons optimisme 'ons ook verblindt

voor de onuitwisbare tragische dimensies van het leven'. Damon Linker, 'American Optimism is Becoming a Problem', *The Week*, 27 april 2020, https://theweek.com/articles/911058/american-optimism-becoming-problem.
4. Henri Nouwen, *Een brief van troost en bemoediging* (Tielt: Lannoo 1987).
5. Lauren Winner, *Mudhouse Sabbath* (Brewster, MA: Paraclete Press, 2007), 27.
6. Robert Louis Wilken, *The First Thousand Years* (New Haven, CT: Yale University Press, 2012), 107.
7. Tish Harrison Warren, 'By the Book', *Cardus*, 1 december 2016, www.cardus.ca/comment/article/by-the-book.
8. John Calvin, *Writings on Pastoral Piety* (New York: Paulist Press, 2001), 56.
9. D.C. Schindler, *Freedom from Reality: The Diabolical Character of Modern Liberty* (South Bend, IN: University of Notre Dame Press, 2017), 147.
10. J. Todd Billings, *Rejoicing in Lament: Wrestling with Incurable Cancer and Life in Christ* (Grand Rapids, MI: Brazos, 2015), 38.
11. Zie Paul Burns, *A Model for the Christian Life: Hilary of Poitiers' Commentary on the Psalms* (Washington, DC: Catholic University of America Press, 2012), 54-57.
12. Athanasius, 'The Letter of St. Athanasius to Marcellinus on the Interpretation of the Psalms', in *On the Incarnation*, red. John Behr (Crestwood, NY: St. Vladimir's Seminary Press, 1977), 103.
13. Billings, *Rejoicing in Lament*, 42.
14. N.T. Wright zegt: 'Het gaat er bij klagen, dat zo verweven is in de Bijbelse traditie, niet slechts om dat het een uitlaatklep is voor onze frustratie, ons verdriet, eenzaamheid en volkomen onvermogen om te begrijpen wat er gebeurt of waarom. Het mysterie van het Bijbelse verhaal is dat God ook klaagt.' N.T. Wright, 'Christianity Offers No Ideas About the Coronavirus. It's Not Supposed To', *Time*, 29 maart 2020, https://time.com/5808495/coronavirus-christianity.
15. Tom Wright, *Pleidooi voor de Psalmen: We kunnen niet zonder* (Franeker: Van Wijnen, 2013), 93.
16. Robert Louis Wilken, *The Spirit of Early Christian Thought* (New Haven,

CT:Yale University Press, 2008), 315-17; zie ook Dietrich Bonhoeffer, *Psalms: The Prayerbook of the Bible* (Minneapolis, MN: Augsburg Press, 1966), 37-38.
17. Thomas Long, *Accompany Them with Singing: The Christian Funeral* (Louisville, KY: Westminster John Knox, 2009), 38-40.
18. Zie de sterke discussie in Frederick Dale Brunner, *The Gospel of John* (Grand Rapids, MI: Eerdmans, 2012), 679-80.

Hoofdstuk 4

1. C.S. Lewis, *Verdriet, dood en geloof* (Franeker: Van Wijnen, 1989), 7.
2. Laat duidelijk zijn dat ik er geen voorstander van ben dat iemand blijft in een huwelijk waarin sprake is van huiselijk geweld. Er zijn Bijbelse gronden voor echtscheiding – overspel, misbruik en verlating. Als je denkt dat je wellicht een relatie hebt waarbij er sprake is van huiselijk geweld, bel dan Veilig Thuis 0800-2000.
3. Julian of Norwich, *Revelations of Divine Love* (New York: Oxford, 2015), 31, 78.
4. Jonathan Rosen, 'The Difference Between Bird Watching and Birding', New Yorker, 17 oktober 2011, www.newyorker.com/books/page-turner/the-difference-between-bird-watching-and-birding.
5. Bill Thompson III, 'Top 10 Long-Awaited Signs of Spring', *Birdwatcher's Digest*, www.birdwatchersdigest.com/bwdsite/learn/top10/signs-of-spring.php.
6. Rowan Williams, *Being Disciples* (Grand Rapids, MI: Eerdmans, 2016), 5.
7. Nicholas Carr, *Het ondiepe: Hoe onze hersenen omgaan met internet* (Amsterdam: Maven Publishing, 2011).
8. Oliver O'Donovan, *Self, World, and Time, vol. 1, Ethics as Theology: An Induction* (Grand Rapids, MI: Eerdmans, 2013), 8.
9. Simone Weil, 'Attention and Will', in *Simone Weil: An Anthology*, red. Sian Miles (New York: Grove Books, 2000), 212.

Hoofdstuk 5

1. A. Roger Ekirch merkt op dat de meeste mensen in de middeleeuwen niet werkten in het donker. In feite was nachtelijk werk in de meeste

beroepsgroepen verboden. Sommige mensen werkten toch 's nachts en dat lijken vooral de armen te zijn geweest. Maar hij merkt ook op dat pas in het vroege moderne tijdperk het werken 's nachts gewoner begon te worden. Bovendien, hoewel mensen niet werkten 's nachts, sliepen ze ook niet heel de tijd. Ekirch beschrijft hoe het verschil tussen de 'eerste slaap' en de 'tweede slaap' zo rond de zeventiende eeuw begint af te nemen. De tussenliggende periode van waakzaamheid werd soms wel 'de nachtwake' genoemd. Hoewel dit interessant is in het licht van de onderwerpen die in dit boek aan de orde komen, is het niet meteen relevant voor ons vandaag de dag, en daarom heb ik het hier niet besproken. A. Roger Ekirch, *At Day's Close: Night in Times Past* (New York: W.W. Norton, 2005), 155-56, 300-305.

2. Dank aan Kirk Botula voor dit inzicht. Hij maakte dit duidelijk in een toespraak bij Jubilee Professional een aantal jaar geleden. Hij laat zien dat er veel afbeeldingen van Adam en Eva voor de val zijn en dat je hen op sommige van na de val ziet werken, maar op maar heel weinig afbeeldingen van voor de val.

3. Er is enorm veel literatuur over vroegchristelijk liefdadigheidswerk. Hier zijn een paar toegankelijke introducties: Alvin Schmidt, *How Christianity Changed the World* (Grand Rapids, MI: Zondervan, 2009); Tom Holland, *Heerschappij* (Amsterdam: AthenaeumPolak & Van Gennep, 2020); *Wealth and Poverty in Early Church and Society*, red. Susan Holman (Grand Rapids, MI: Baker Academic, 2008); David Bentley Hart, *The Story of Christianity* (New York: Hachette, 2013); Timothy Miller, *The Birth of the Hospital in the Byzantine Empire* (Baltimore, MD: Johns Hopkins University Press, 1997).

4. Je kunt je eigen exemplaar van haar boek hier bestellen: www.katyhutson.com/limited-edition-poetry-book/now-i-lay-me-down-to-fight-signed-first-edition.

5. Tracy Jan, 'They Said I Was Going to Work Like a Donkey. I Was Grateful', *Washington Post*, 11 juli 2017, www.washingtonpost.com/news/wonk/wp/2017/07/11/they-said-i-was-going-to-work-like-a-donkey-i-was-grateful.

6. Lesslie Newbigin, *Signs Amid the Rubble* (Grand Rapids, MI: Eerdmans, 2003), 47.

7. Wetenschappers discussiëren over de bron van dit idee, maar er lijkt overeenstemming over het feit dat de bron ervan ligt in het humanisme van de renaissance, dat zorgde voor wat Louis Dupré de 'doorgang naar de moderniteit' noemde. Dupré, *Passage to Modernity* (New Haven, CT: Yale University Press, 1993), vooral 113 en 125. Zie ook Michael Allen Gillespie, *The Theological Origins of Modernity* (Chicago: University of Chicago Press, 2008), 32-35.
8. Daniel Sloss, 'Dark', Netflix, 2018.
9. Justin Rosolino, *Idiot, Sojourning Soul: A Post-Secular Pilgrimage* (Eugene, OR: Resource Publications, 2020), 124.
10. Steven Pinker, *Verlichting nu: een pleidooi voor rede, wetenschap, humanisme en vooruitgang* (Amsterdam: Atlas Contact, 2018).
11. Francis Spufford, *Dit is geen verdediging*.
12. M. Eugene Boring, Mark: *A Commentary, New Testament Library* (Louisville, KY: Westminster John Knox, 2006), 164-65.

Hoofdstuk 6

1. Delen van dit hoofdstuk zijn overgenomen uit Tish Harrison Warren, 'Angels We Ignore on High', *Christianity Today*, 20 december 2013, www.christianitytoday.com/women/2013/december/angels-we-ignore-on-high.html.
2. De onttovering van de wereld en het letterlijk leeg worden ervan zijn aan elkaar verbonden, zoals veel wetenschappers hebben aangetoond. Steven Vogel schrijft: 'Het project van de verlichting richt zich boven alles op de overheersing over de natuur. De onttoverde en geobjectiveerde natuur, die nu het voorkomen draagt van betekenisloze materie, wordt door de verlichting simpelweg gezien als iets om te overwinnen en te overmeesteren voor menselijke doelen en niet als iets om na te bootsen, gunstig te stemmen of religieus te vieren ... Daarmee vergeet men dat mensen zelf onderdeel uitmaken van de natuur, iets waar mythisch denken op hamert en wat door nabootsing wordt uitgebeeld. Het resultaat is een fundamentele scheiding tussen mens en natuur.' Steven Vogel, *Against Nature: The Concept of Nature in Critical Theory* (Albany: State University of New York Press, 1996), 52. Alister McGrath zegt dat dit onttoverde idee van de natuur soms geassocieerd wordt met chris-

tendom, maar dat het in werkelijkheid vreemd is aan de manier waarop de Schrift en de christelijke traditie de natuur beschrijven. McGrath, *The Reenchantment of Nature: The Denial of Religion and the Ecological Crisis* (New York: Doubleday, 2002). Zie ook Richard Bauckham, *The Bible and Ecology: Rediscovering the Community of Creation* (Waco, TX: Baylor University Press, 2010).

3. Thomas van Aquino, *Summa Theologiae*, I, q 50, a 1, www.newadvent.org/summa/1050.htm.
4. Pseudo-Dionysius, *The Celestial Hierarchy*, in *The Complete Works* (New York: Paulist Press, 1987), 321A, 181.
5. Hilarius van Poitiers, geciteerd in Jean Danielou, *The Angels and Their Mission* (Manchester, NH: Sophia Institute Press, 2009), 90.
6. Mike Cosper, *Recapturing the Wonder: Transcendent Faith in a Disenchanted World* (Downers Grove, IL: InterVarsity Press, 2017), 10.
7. C.S. Lewis, *Brieven uit de hel* (Utrecht: KokBoekencentrum, 2016), 173.
8. Warren, 'Angels We Ignore on High'.
9. Paul Kennedy, 'On Radical Orthodoxy', Ideas Podcast, 4 juni 2007, http://theologyphilosophycentre.co.uk/docs/mp3/ideas_20070604_2421.mp3.
10. Cosper, *Recapturing the Wonder*, 142.
11. Elizabeth Barrett Browning, *Aurora Leigh: A Poem* (Chicago: Academy Chicago Publishers, 1979), 265.
12. Roxanne Stone, 'James K.A. Smith: St. Augustine Might Just Be the Therapist We Need Today', Religion News Service, 28 april 2020, https://religionnews.com/2019/10/11/james-k-a-smith-st-augustine-might-just-be-the-therapist-we-need-today.
13. Zie John Medina, *Brain Rules* (Seattle, WA: Pear Press, 2014), 41-51.
14. James Bryan Smith, *God is goed: God leren kennen zoals Jezus Hem openbaart* (Hoornaar: Gideon, 2012), 38.
15. Cosper, *Recapturing the Wonder*, 118.

Hoofdstuk 7

1. Markham Heid, 'Here's Why You Always Feel Sicker at Night', *Time*, 6 februari 2019, https://time.com/5521313/why-you-feel-sicker-at-night/.
2. David Wilcox, 'Cold', East Asheville Hardware (1996).
3. Jeremy Taylor, *Holy Living and Holy Dying Together with Prayers* (Lon-

den, 1839), 396.
4. Robert Half, 'Are Your Co-Workers Making You Sick?', 24 oktober 2019, www.roberthalf.com/blog/management-tips/are-your-coworkers-making-you-sick.
5. Beth Mirza, 'Majority of Americans Report to Work When Sick', *SHRM Blog*, 13 mei 2011, https://blog.shrm.org/workplace/majority-of-americans-report-to-work-when-sick.
6. De coronapandemie legt zwakke plekken bloot in de regelgeving rond ziekteverzuim in Amerika. Zie Allison Inserro, 'COVID-19 Exposes Cracks in Paid Sick Leave Policies', AJMC, 20 maart 2020, www.ajmc.com/view/covid19-exposes-cracks-in-paid-sick-leave-policies. Zelfs veel mensen met een cruciaal beroep kregen geen ziekteverlof van hun werkgevers. Zie Alexia Fernández Campbell, 'McDonald's, Marriot Franchises Didn't Pay COVID-19 Sick Leave. That Was Illegal', *The Center for Public Integrity*, 3 augustus 2020, https://publicintegrity.org/inequality-poverty-opportunity/workers-rights/deny-paid-sick-leave-workers-coronavirus-pandemic-mcdonalds. Het is nog niet duidelijk hoe – en of – de coronapandemie invloed zal hebben op de manier waarop we als samenleving denken over lichamelijke beperkingen, ziekte of ziekteverlof.
7. Scott Cairns, *The End of Suffering: Finding Purpose in Pain* (Brewster, MA: Paraclete Press, 2009), 21.
8. Taylor, *Holy Living and Holy Dying*, 419.
9. Cairns, *End of Suffering*, 21-22.
10. Het volgende is overgenomen uit Tish Harrison Warren, 'My Lord and Migraine', *The Well* (Blog), 14 januari 2016, https://thewell.intervarsity.org/blog/my-lord-and-migraine.

Hoofdstuk 8
1. Geciteerd in James Bryan Smith, *Rich Mullins: An Arrow Pointing to Heaven* (Nashville: B&H, 2002), 30.
2. Cameron Crowe, regisseur, *Almost Famous* (Culver City, CA: Columbia Pictures, 2000).
3. Isaac de Syriër, *Mystic Treatises* viii, http://lesvoies.free.fr/spip/article.php?id_article=342.

4. Craig Keener, *A Commentary on the Gospel of Matthew* (Grand Rapids, MI: Eerdmans, 1999), 348.
5. Grant Osborne, *Matthew, Exegetical Commentary on the New Testament* (Grand Rapids, MI: Zondervan, 2010), 446.
6. Doug Webster, *The Easy Yoke* (Colorado Springs, CO: NavPress, 1995), 8, 14.
7. Geciteerd in Martin Laird, *Into the Silent Land* (New York: Oxford University Press, 2006), 27.
8. Bradley Holt, *Thirsty for God: A Brief History of Christian Spirituality*, 3e ed. (Minneapolis, MN: Fortress Press, 2017), 88-89.
9. Holt, *Thirsty for God*, 88-89.

Hoofdstuk 9

1. Een uitzondering hierop is het welvaartsevangelie, dat op Amerikaanse bodem werd geschapen en uitdrukking geeft aan een snel kleiner wordend percentage van de wereldwijde en historische visie van de kerk op het lijden. Zie Ross Douthat, *Bad Religion: How We Became a Nation of Heretics* (New York: Free Press, 2012), 182-210.
2. De liturgie is te vinden op http://justus.anglican.org/resources/bcp/1549/Visitation_Sick_1549.htm.
3. David Bentley Hart, *The Doors of the Sea: Where Was God in the Tsunami?* (Grand Rapids, MI: Eerdmans, 2005), 101.
4. N.T. Wright, 'The Road to New Creation', *NT Wright Page*, 23 september 2006, http://ntwrightpage.com/2016/03/30/the-road-to-new-creation.
5. Jonathan Pennington, *The Sermon on the Mount and Human Flourishing: A Theological Commentary* (Grand Rapids, MI: Baker Academic, 2017), 41-68.
6. Pennington, *Sermon on the Mount*, 149.
7. Jaroslav Pelikan, *The Shape of Death: Life, Death, and Immortality in the Early Fathers* (Nashville: Abingdon, 1961), 55.
8. Benedictus van Nursia, *De regel van Benedictus* (Tielt: Lannoo, 2010), 4.44-47, 13.

Hoofdstuk 10

1. Simone Weil, *Gravity and Grace* (New York: Routledge, 2002), 81.

2. Geciteerd in Scott Cairns, *The End of Suffering: Finding Purpose in Pain* (Brewster, MA: Paraclete Press, 2009), 11.
3. Cairns, *The End of Suffering*, 11.
4. Cairns, *The End of Suffering*, 11.
5. Augustinus, 'Sermon 341.12', *Sermons 341-400 on Various Themes (The Works of Saint Augustine: A translation for the 21st Century* (Hyde Park, NY: New City Press, 1995), 27.
6. Maarten Luther, *Heidelberg Disputation* (1518), http://bookofconcord.org/heidelberg.php
7. C. FitzSimons Allison, *The Cruelty of Heresy* (New York: Morehouse Publishing, 1994), 31.
8. Arcade Fire, 'Creature Comfort', *Everything Now* (2017).
9. Dennis Byrne, 'We're a Nation of Addicts', *Chicago Tribune*, 2 februari 2015, www.chicagotribune.com/opinion/commentary/ct-institute-of-drug-abuse-gallup-0203-20150202-story.html.
10. Tommy Tomlinson, *The Elephant in the Room: One Fat Man's Quest to Get Smaller in a Growing America* (New York: Simon & Schuster, 2019), 100.
11. Andrew Sullivan, 'I Used to Be a Human Being', *New York Magazine*, 19 september 2016, http://nymag.com/intelligencer/2016/09/andrew-sullivan-my-distraction-sickness-and-yours.html.
12. Pierre Teilhard de Chardin, *The Making of a Mind: Letters from a Soldier-Priest, 1914-1919* (New York: Harper & Row, 1961), 57-58.
13. Friedrich Nietzsche, *Afgodenschemering* (Amsterdam: De Arbeiderspers, 2011).
14. Marva Dawn, *Powers, Weakness, and the Tabernacling of God* (Grand Rapids, MI: Eerdmans, 2001), 47-48.

Hoofdstuk 11

1. Ik raad je aan om niet te veel tijd te besteden aan een precies onderscheid tussen deze categorieën. Het gaat hier om gebed en poëzie, niet om sociologie. Het draait bij het gebed hoe dan ook om troost.
2. Jonathan Graff-Redford, 'Sundowning: Late Day Confusion', *Mayo Clinic*, 23 april 2019, www.mayoclinic.org/diseases-conditions/alzheimers-disease/expert-answers/sundowning/faq-20058511.

3. Dit is dezelfde Steven, de 'boer-profeet', die zijn opwachting maakt in *Liturgie van het alledaagse*.
4. Een schitterende uiteenzetting van dit idee is Kate Bowlers *Alles gebeurt met een reden en andere leugens die ik koesterde* (Amersfoort: Plateau, 2019). Een van de thema's die ze onderzoekt is de manier waarop het welvaartsevangelie onze visie op God beïnvloedt, of we dat nu openlijk aanhangen of niet.
5. C.S. Lewis, 'Antwoorden op vragen over het christelijk geloof', in *De tijdloze kern* (Franeker, Van Wijnen, 2016), 70.
6. Aquino, *Summa Theologiae*, II.II q 17 a 3, www.newadvent.org/summa/3017.htm.
7. Ron Belgau, 'Arduous Goods', *First Things*, 22 augustus 2013, www.firstthings.com/blogs/firstthoughts/2013/08/arduous-goods.
8. Andy Crouch, *Strong and Weak* (Downers Grove, IL: InterVarsity Press, 2016), 31.
9. Moeder Teresa, *Geen groter liefde* (Utrecht: Servire, 1998).
10. Joseph Minich, *Enduring Divine Absence* (Leesburg, VA: Davenant Institute, 2018), 54.
11. Geciteerd in Lacey Rose, '"He Just Knows What's Funny": Hollywood's Secret Comic Whisperer Finally Gets His Own Spotlight', *The Hollywood Reporter*, 15 april 2019, www.hollywoodreporter.com/features/chappelles-show-creator-neal-brennan-finally-gets-own-spotlight-1199871.
12. Scott Sunquist, *The Unexpected Christian Century: The Reversal and Transformation of Global Christianity, 1900-2000* (Grand Rapids, MI: Baker Academic, 2015).
13. Andrew Boyd, *Neither Bomb nor Bullet: Benjamin Kwashi: Archbishop on the Front Line* (Oxford: Lion Hudson, 2019), 9.

Hoofdstuk 12

1. C.S. Lewis schreef: 'Liefhebben *is* kwetsbaar zijn, hoe dan ook. Heb iets of iemand lief en je kunt er zeker van zijn dat je hart doorstoken en wellicht gebroken zal worden. Als je het beslist intact wil houden zul je het aan niemand uit handen mogen geven, zelfs niet aan een dier. Omwikkel het maar zorgvuldig met hobby's en met kleine gemakken; blijf verder overal buiten; berg het veilig op in het doosje of de doodskist van

je egoïsme. Maar ook in dat doosje – veilig, donker, roerloos en luchtdicht – zal het een verandering ondergaan. Gebroken wordt het niet; het wordt onbreekbaar, ondoordringbaar, onverzoenbaar. Het alternatief voor een tragedie, of althans voor het risico van een tragedie, is verdoemenis. De enige plaats buiten de hemel waar je absoluut veilig bent voor alle gevaren en verwikkelingen van de liefde, is de hel.' C.S. Lewis, *De vier liefdes* (Franeker: Van Wijnen, 1992), 122.
2. Er is veel literatuur over dit onderwerp maar een goede introductie is te vinden in Hans Boersma, *Heavenly Participation* (Grand Rapids, MI: Eerdmans, 2011); en Paul Tyson, *Returning to Reality* (Eugene, OR: Cascade, 2014).
3. Henri Nouwen, *Hier en nu: Leven in de Geest* (Tielt: Lannoo, 1996).
4. Nouwen, *Hier en nu.*
5. Flannery O'Connor, *The Habit of Being*, red. Sally Fitzgerald (New York: Farrar, Strauss, & Giroux, 1988), 57.

Hoofdstuk 13

1. Scott Cairns, *The End of Suffering: Finding Purpose in Pain* (Brewster, MA: Paraclete Press, 2009), 101.
2. Julie Miller, 'Speed of Light', *Broken Things* (Hightone Records, 1999).
3. Geoffrey Himes, 'Buddy and Julie Miller Walk the Line', *Paste Magazine*, 28 mei 2009, www.pastemagazine.com/articles/2009/05/buddy-julie-miller-walk-the-line.html.
4. Stratford Caldecott, *The Radiance of Being: Dimensions of Cosmic Christianity* (Brooklyn, NY: Angelico Press, 2013), 12-14.
5. Gerard Manley Hopkins, 'Pied Beauty', www.poetryfoundation.org/poems/44399/pied-beauty.
6. C.S. Lewis, *Verdriet, dood en geloof* (Franeker: Van Wijnen, 1989), 10.
7. Tim Keller, *In alle redelijkheid* (Franeker: Van Wijnen, 2008), 50.

Liturgie van de completen

1. Deze liturgie, exclusief het lied dat erin wordt genoemd, is overgenomen van de website: https://bcponline.org/ Alle bijbelteksten zijn afkomstig uit de Nieuwe Bijbelvertaling.